Les secrets
de l'alimentation
anti-inflammatoire

Du même auteur

12 semaines pour maigrir et affiner sa silhouette,
Flammarion, 2005.

Mon programme minceur en 12 semaines,
Flammarion, 2006.

Dr Catherine Serfaty-Lacrosnière
avec la collaboration de Marie-Christine Deprund

Les secrets
de l'alimentation
anti-inflammatoire

Albin Michel

AVERTISSEMENT

Cet ouvrage s'adresse à ceux et celles qui souhaitent améliorer leur santé et leur confort quotidien en modifiant certaines de leurs habitudes alimentaires et leur mode de vie. Pourtant, il ne donne en aucun cas la certitude de ne plus retomber malade, encore moins celle de pouvoir traiter une maladie déjà présente. C'est un livre d'informations nutritionnelles et de conseils qui ne se substitue pas à une consultation médicale. N'hésitez pas à voir votre médecin traitant en cas de problème de santé.

Sommaire

Avant-propos

Je fais un métier qui me passionne. Je l'ai su dès que j'ai commencé à travailler en nutrition clinique à Boston, dans le Centre de recherche en nutrition humaine et sur le vieillissement de l'université de Tufts (*Jean Mayer Human Nutrition Research Center on Aging*), sous la direction du Pr Irving Rosenberg, parmi ces chercheurs qui s'intéressaient autant à l'impact de l'alimentation sur les démences qu'aux effets des nutriments (substances nutritives des aliments) sur la plaque d'athérome, à l'origine des maladies cardiovasculaires. Douze laboratoires, des centaines de scientifiques de formations variées travaillaient en commun sur les moyens de limiter le vieillissement des organes grâce aux nutriments. Depuis, je n'ai jamais oublié cette curiosité qui me permet, jour après jour, d'observer les bienfaits incroyables de l'alimentation sur le corps. Bienfaits, certes, si on en connaît le mode d'emploi, car l'alimentation peut aussi devenir le pire ennemi de l'homme. Cela, je le constate chaque jour lors de mes consultations. Surpoids, vieillissement accéléré de la peau, cholestérol, diabète, autant de raisons de consulter un nutritionniste pour modifier ses habitudes alimentaires et de vie.

Je me suis «nourrie» de l'expérience et des histoires de mes patients. Nous avons évolué ensemble. Il y a quelques années encore, leur demande principale était la perte de poids. Aujourd'hui, une nouvelle tendance apparaît : on ne veut plus simplement être mince, on veut surtout être en bonne santé, et bien vieillir. L'allongement de l'espérance de vie rend plus vivace la peur de la maladie. Si vieillir est inéluctable, il faut avancer en âge en conservant sa vitalité, son autonomie physique et mentale. Plus prosaïquement, les femmes et les hommes d'aujourd'hui veulent rester beaux et en forme, sans les formes.

C'est ainsi que j'ai découvert les principes de l'alimentation anti-inflammatoire. Les études qui se sont intéressées à ce sujet sont très nombreuses, parfois touffues, voire contradictoires. Les résultats qu'elles révèlent et que vous découvrirez au fil des pages laissent entrevoir une réelle possibilité d'agir sur le poids, le vieillissement et la survenue des maladies dégénératives, cardiovasculaires, cancers, diabète, maladie d'Alzheimer..., en choisissant ses aliments en connaissance de cause, en bougeant différemment. Ce n'est pas un régime. C'est en quelque sorte une philosophie nutritionnelle : manger pour faire du bien à son corps, manger aussi pour se faire plaisir. Car les plats qui vous sont proposés sont savoureux. L'utilisation des herbes et des épices vous feront voyager et aborder d'autres horizons culinaires.

C'est un nouveau mode de vie pour mieux vivre, tout simplement.

Ce livre est aussi l'histoire d'une rencontre, avec Marie-Christine Deprund. Cela fait plusieurs années déjà que nous échangeons sur la nutrition dans le cadre de ses articles dans *Elle*, puis dans *Le Figaro Madame* et *L'Express Styles*. Elle possède cette expertise qui lui permet d'expliquer simplement des notions complexes. Alors, rien d'étonnant à ce que nous ayons eu envie de collaborer pour vous présenter cette nouvelle philosophie nutritionnelle et vous guider vers un bien-être de chaque jour.

Dr Catherine Serfaty-Lacrosnière

Introduction

Jeune, mince et en pleine forme... Et si, pour garder au mieux ces qualités, il y avait une solution ? Et si la clé de cette réussite était, depuis longtemps, à portée de main ? Il ne s'agit pas d'une idée en l'air, mais de résultats scientifiques, fruits d'années de recherche. Ils aboutissent aujourd'hui à une théorie révolutionnaire qui explique les rapports complexes entre certains aliments et aspects du mode de vie, et les mécanismes de régulation de l'organisme, du poids et du vieillissement des organes, dont la peau et le cerveau.

En voici l'explication : certains aliments et certaines habitudes entraînent une cascade d'événements, un enchaînement de réactions invisibles à l'œil nu qui peut non seulement favoriser la prise de poids, mais aggraver et entretenir l'excès de graisse. Et ce sont ces mêmes mécanismes qui favorisent le vieillissement accéléré des cellules. Les scientifiques, quant à eux, ont depuis longtemps identifié les relations entre ce processus et bon nombre de maladies dégénératives : des maladies chroniques comme le diabète, les démences comme la maladie d'Alzheimer ou des maladies neurologiques comme la maladie de Parkinson ; des maladies graves qui modifient le pronostic vital, les cancers, les infarctus ou les accidents cérébraux.

Tous ces processus, toutes ces maladies ont quelque chose en commun : une inflammation silencieuse. Et cette inflammation est liée en partie à l'alimentation.

En clair, la manière dont vous vous nourrissez peut jouer à la fois sur votre poids, sur le rythme de vieillissement de vos cellules et sur votre santé en général. Par manque de temps ou parce que vous sous-évaluez leurs valeurs nutritionnelles, vous négligez peut-être certains aliments au profit d'autres moins favorables à votre bien-être. La vie moderne ne favorise pas une alimentation équilibrée. Résultat : une prise de poids, un teint terne, des traits tirés, voire une augmentation d'un certain nombre de facteurs de risque, qui peuvent altérer votre santé.

Il y a là un véritable défi facile à relever, car vous pouvez, en prenant de nouvelles habitudes, améliorer non seulement votre aspect physique, mais aussi respecter votre corps en préservant votre santé.

Il ne s'agit pas d'un énième régime, mais d'un programme de vie sans frustrations ni interdits. En devenant des consommateurs avertis, en choisissant ce que vous mettez dans votre assiette et ce que vous faites de et avec votre corps, vous vous donnez toutes les chances de vivre en meilleure santé, plus mince et plus jeune. Et ce, pour longtemps.

Comprendre

Qu'est-ce que la théorie de l'inflammation chronique ?

Une théorie novatrice

Lorsque vous entendez le mot « inflammation » vous pensez à une douleur associée à un phénomène de rougeur, de chaleur et de gonflement qui touche une partie du corps. Une piqûre de guêpe entraîne une violente inflammation. Un panaris se traduit par un gonflement rouge et douloureux à l'endroit où a pénétré le corps étranger. L'inflammation peut aussi affecter les articulations, comme lors d'une crise de goutte.

L'inflammation est une réalité clinique : elle fait mal, elle se voit ou se ressent. Quoi qu'il en soit, elle ne passe pas inaperçue.

Le phénomène inflammatoire

L'inflammation est en fait un mécanisme de défense **indispensable** à l'organisme pour lui permettre de lutter contre des agressions étrangères variées, telles que des infections dues à des virus ou à des bactéries. C'est également un processus de réparation et de guérison après une plaie, une blessure.

L'inflammation est le bouclier de l'organisme. C'est aussi le phénomène qui lui donne la capacité de se régénérer. Sans elle, il n'y aurait plus de vie. Mais, parfois, même les meilleures horloges se dérèglent. Et le propre mécanisme de défense de l'organisme peut se retourner contre lui.

Ces dernières années, de nombreux chercheurs ont révélé que l'inflammation fait le lit d'un certain nombre de maladies. Cette inflammation-là ne se présente pas de la même manière. Elle est invisible à l'œil nu. Elle est indolore et s'installe pour longtemps. C'est une inflammation chronique. Mais, si elle est silencieuse, elle n'en est pas moins dangereuse. Car cette inflammation chronique, insidieuse et discrète est liée de manière indiscutable aux maladies dégénératives (cardiovasculaires, cancers, Alzheimer, diabète...), au vieillissement et même à la surcharge pondérale.

L'inflammation chronique, fléau responsable (entre autres) de nos rides et de nos kilos superflus, voici presque un scoop ! Et l'on peut se demander si cette inflammation chronique ne serait pas le mal du XXIe siècle.

L'homme est un tout. Il y a d'abord les gènes avec lesquels on naît et qui déterminent notre vitesse de vieillissement, la survenue de maladies, tels certains cancers, les accidents cardiovasculaires via le cholestérol d'origine familiale par exemple, la maladie d'Alzheimer ou certaines obésités.

Cette génétique est indiscutablement associée à l'environnement et au mode de vie. On peut accélérer le processus de vieillissement et la survenue des maladies dégénératives si l'on mange mal, si l'on fume, si l'on s'expose au soleil, à la pollution, si l'on est stressé ou encore sédentaire.

Or si, aujourd'hui, nous n'avons pas encore vraiment la possibilité de modifier notre patrimoine génétique, il est en revanche possible d'agir pour changer notre environnement.

Le mécanisme de l'inflammation

Petit cours simplifié de médecine : quand un corps étranger pénètre dans l'organisme ou lorsqu'un tissu est lésé, comme lors d'une blessure, se déclenche un mécanisme de défense très complexe.

Certaines des cellules immunitaires, les mastocytes, sont activées et libèrent un médiateur chimique, l'histamine, qui entraîne des réactions en cascade aboutissant à la fabrication de diverses molécules pro-inflammatoires (prostaglandines, leucotriènes...). Cette première phase est dite phase vasculaire, car ces médiateurs provoquent une vasodilatation, c'est-à-dire un élargissement de la paroi des vaisseaux, responsable de la rougeur typique de l'inflammation aiguë. Ils déclenchent également une accumulation de liquide, ou œdème, dans la zone incriminée. C'est la raison du gonflement ressenti lors de l'inflammation aiguë. Enfin, les terminaisons nerveuses, situées dans cette même zone, sont activées et donnent la sensation de douleur. Voici donc la triade de l'inflammation aiguë : rougeur, chaleur et douleur.

Cette vasodilatation a lieu pour deux raisons : d'une part, pour augmenter la circulation du sang afin d'évacuer les toxines et, d'autre part, pour permettre à d'autres cellules de défense, des globules blancs – les polynucléaires neutrophiles et les macrophages – de se diriger vers le lieu de la blessure ou de la pénétration du corps étranger et d'agir. C'est la seconde phase du processus inflammatoire ou phase cellulaire.

Ces cellules fabriquent des médiateurs, appelés cytokines, qui enclenchent la cascade de l'inflammation. Parmi ces cytokines, trois sont particulièrement impliquées dans le processus inflammatoire ; ce sont des interleukines : l'IL1 (l'interleukine 1), l'IL6 (l'interleukine 6) et le TNF alpha (le *Tumor Necrosis Factor*). Elles agissent sur le foie qui, à son tour, fabrique les protéines de la réaction inflammatoire, dont la CRP (*C-reactiv protein*, protéine C réactive), que

17

l'on peut d'ailleurs doser dans le sang et qui est un marqueur de l'inflammation.

La situation se stabilise progressivement avec la neutralisation des facteurs de l'inflammation par d'autres médiateurs, cette fois anti-inflammatoires, et la situation revient à la normale. C'est la guérison ou la cicatrisation.

Mais comment un mécanisme de survie peut-il se transformer en ennemi invisible ?

Le paradoxe de l'inflammation chronique

Si le corps est soumis à une exposition prolongée à des facteurs toxiques ou infectieux, la machine s'emballe, donnant naissance à un état d'inflammation qui perdure.

Cette inflammation chronique est le résultat de l'action de trois catégories de substances : les facteurs de l'inflammation, l'insuline et le cortisol.

Les facteurs de l'inflammation

Au début, il y a une agression comme l'exposition à un toxique. Et ce toxique peut être d'origine alimentaire. Dans l'exemple de l'alimentation, l'agression est répétée et prolongée. C'est bien le cas si, à chaque repas, on consomme des aliments trop riches en graisses (graisses saturées et acides gras trans) et/ou présentant un index glycémique élevé (fort pouvoir sucrant). Nous reviendrons sur ces notions.

Cette agression déclenche un certain nombre de mécanismes. Les agresseurs s'attaquent à la membrane qui entoure et protège les cellules. Cette membrane est constituée de graisses (phospholipides). Lorsqu'elle est agressée, elle libère un acide gras, l'acide arachidonique (AA). Celui-ci donne naissance à des médiateurs, les éicosanoïdes pro-inflammatoires, dont les prostaglandines, les leucotriènes... autant de noms qui vont vous devenir familiers. La cascade inflammatoire est alors déclenchée.

La libération d'acide arachidonique est intimement liée à un autre mécanisme : le stress oxydatif, c'est-à-dire la production en excès de radicaux libres.

Quels sont ces radicaux libres ?

La production de ces molécules appelées radicaux libres est un phénomène obligatoire de la vie. Les radicaux libres sont issus d'une réaction chimique, l'oxydation, qui permet aux cellules de « respirer ». Les radicaux libres sont des molécules instables formées au cours de cette réaction d'oxydation. En temps normal, l'organisme les combat. Mais lorsque la production de radicaux libres s'emballe, le corps est débordé. On parle de stress oxydatif, car les radicaux libres en excès provoquent de graves modifications cellulaires, aboutissant au vieillissement accéléré, puis à la destruction de la cellule.

Alors pourquoi la production de radicaux libres peut-elle ainsi s'accélérer ? Le corps est exposé à des situations qui augmentent leur fabrication. Tabac, pollution, soleil et alimentation déséquilibrée comptent parmi ces facteurs favorisants. Les radicaux libres sont aussi fabriqués en excès au cours de l'activation des globules blancs (rappelez-vous la phase cellulaire de l'inflammation, p. 17). Ainsi, les radicaux libres favorisent l'inflammation chronique en déclenchant la fabrication de molécules pro-inflammatoires. Et ils agissent à deux niveaux : d'une part, ils entraînent la libération de l'acide arachidonique

(AA) qui donne naissance aux éicosanoïdes ; d'autre part, ils agissent au sein de la cellule. Ils peuvent s'y accumuler et provoquer l'activation de messagers qui modifient le fonctionnement habituel de l'ADN, le code génétique. Parmi ces messagers, il y a le facteur nucléaire kappa B. C'est lui qui « ordonne » à la cellule de fabriquer des molécules pro-inflammatoires, dont le TNF (*Tumor Necrosis Factor*). Dès lors, le processus inflammatoire est lancé.

Le rôle de l'insuline

Le second médiateur qui intervient dans la création et la pérennisation de l'inflammation est une hormone, l'insuline, fabriquée par le pancréas. Elle assure l'équilibre du taux de sucre dans le sang (la glycémie). Elle permet aussi au sucre circulant dans le sang de pénétrer dans la cellule, dont il est la principale source d'énergie. Une fois que la cellule a récupéré l'énergie dont elle a besoin, elle « ferme ses portes » et si du sucre circule encore dans le sang, l'insuline va le stocker sous forme de graisses, les triglycérides, dans les adipocytes. L'insuline est d'autant plus sécrétée que le taux de sucre circulant dans le sang est élevé (hyperglycémie).

Cette hyperglycémie peut être due à un excès de consommation de glucides (sucres) ayant un index glycémique élevé. Si la production d'insuline est accrue, elle favorise l'émergence d'un état inflammatoire chronique. L'excès d'insuline augmente la production d'acide arachidonique (AA), donnant naissance aux médiateurs pro-inflammatoires, le TNF (*Tumor Necrosis Factor*) et l'IL6. Ces médiateurs rendent la cellule résistante à l'action de l'insuline. Le sucre reste dans le sang au lieu de pénétrer dans la cellule. L'hyperglycémie s'aggrave et c'est le cercle vicieux. Or, l'insulino-résistance est le premier pas vers le diabète.

Le cortisol

On l'appelle l'hormone du stress. Elle est synthétisée par les glandes surrénales. En fait, le cortisol a comme objectif premier de s'opposer aux éicosanoïdes pro-inflammatoires produits en état de stress. À la base, le cortisol est donc antistress et anti-inflammatoire. D'ailleurs, les médicaments corticoïdes sont de puissants anti-inflammatoires.

En cas de stress, le cortisol est donc libéré. Il a pour rôle de fournir un maximum de glucose au cerveau pour que celui-ci puisse lutter efficacement contre les agents agresseurs. Il le fait en déclenchant la néoglucogenèse, c'est-à-dire la fabrication de sucre, le glucose, « fuel » du cerveau, à partir de la dégradation des protéines des muscles et des graisses. Il rend aussi les cellules du tissu graisseux et des muscles résistantes à l'entrée du glucose pour que celui-ci soit le plus possible disponible pour les organes vitaux, dont le cerveau. Tout ce processus est géré par des médiateurs fabriqués dans une zone du cerveau (l'hippocampe).

Mais quand le stress s'installe et se prolonge, comme c'est fréquent dans la vie d'aujourd'hui (soucis familiaux, professionnels, dépression...), la production de cortisol se dérègle et entraîne un affaiblissement des défenses immunitaires, cause d'infections et de cancers, une altération des neurones dans l'hippocampe, une perte musculaire, une augmentation de la masse grasse (surtout dans la zone abdominale), une hausse de la tension artérielle : tout un ensemble de phénomènes à l'origine des maladies dégénératives.

On se rend bien compte que les trois familles (facteurs de l'inflammation, insuline et cortisol) ont des actions très imbriquées ; le résultat final étant l'installation d'une inflammation silencieuse et durable.

L'influence de l'inflammation chronique sur les maladies

La recherche a permis de constater l'existence d'un phénomène inflammatoire chronique dans des maladies dégénératives telles que les pathologies cardiovasculaires, certains cancers, les maladies d'Alzheimer et de Parkinson, le diabète, les maladies auto-immunes (lupus, thyroïdite auto-immune...), et la liste est encore longue. Toutes différentes, ces maladies chroniques ont pourtant quelque chose en commun : l'existence de facteurs toxiques qui déclenchent et entretiennent le processus de l'inflammation silencieuse. Tous les organes peuvent être touchés.

Les maladies cardiovasculaires

Parmi les toxiques auxquels le corps est confronté, il y a les graisses qui circulent dans le sang, le cholestérol et les triglycérides. Ces graisses, ou lipides – surtout si elles sont en excès – se déposent sur la paroi des grosses artères, les coronaires qui nourrissent le cœur et les carotides qui alimentent le cerveau.

Ces dépôts déclenchent une cascade inflammatoire et la paroi des vaisseaux devient le siège d'une inflammation chronique en réponse à l'exposition répétée aux lipides circulant dans le sang. C'est ainsi que se forme la plaque d'athérome, ou athérosclérose, à l'origine des accidents cardiaques et cérébraux. Il y a donc une relation directe entre le taux de graisses circulant dans le sang et l'inflammation chronique.

Il existe aussi une relation directe entre l'alimentation et l'augmentation des taux de cholestérol et de triglycérides dans le sang. Une alimentation trop riche en cholestérol, en graisses d'origine animale (dites graisses saturées) et en graisses «transformées» (les acides gras trans des produits raffinés comme les chips ou les gâteaux industriels) augmente le taux de cholestérol. Une alimentation trop riche en sucres à index glycémique élevé et/ou en sucres raffinés favorise l'augmentation des triglycérides. Une consommation excessive d'alcool peut également être à l'origine d'une hausse des triglycérides dans le sang (surtout s'il existe une prédisposition génétique).

Voilà de nouveau l'alimentation mise en cause dans le processus d'inflammation chronique.

Les cancers

L'inflammation chronique est aussi impliquée dans la survenue des cancers. Les chercheurs l'ont confirmé et vous l'avez peut-être déjà lu dans les ouvrages destinés au grand public de David Servan-Schreiber[1] ou des Drs Béliveau et Gingras[2].

L'inflammation chronique, qui favorise l'émergence des cancers, peut être déclenchée par l'exposition à certains virus, à des bactéries, lors d'infections parasitaires, ou à des irritants chimiques[3]. L'alimentation est également mise en cause. L'excès de sucres ou de certaines graisses, l'absence de fibres, favorisent la survenue d'un état pro-inflammatoire, qui fait le lit de certains cancers, car les médiateurs inflammatoires induisent des mutations cancéreuses.

---

1. D. Servan-Schreiber, *Anticancer : prévenir et lutter grâce à nos défenses naturelles*, Robert Laffont, 2007.
2. Dr R. Béliveau et Dr D. Gingras, *Cuisiner avec les aliments contre le cancer*, Robert Laffont, 2008.
3. E. Shacter *et al.*, *Oncology*, 2002.

Le diabète

Il n'est pas étonnant de retrouver la présence d'une inflammation silencieuse chronique dans le diabète sous toutes ses formes. Il existe deux sortes de diabète. Lors du diabète de type I insulinodépendant, ou diabète juvénile, le pancréas ne fabrique plus d'insuline. Il s'agit d'une maladie auto-immune d'origine génétique. Or, les maladies auto-immunes ont une composante inflammatoire chronique ; nous y reviendrons. Le diabète de type II, ou diabète non insulino-dépendant, résulte d'une résistance à l'insuline apparue avec l'âge, favorisée par le surpoids. La production d'insuline s'accroît pour lutter contre l'hyperglycémie. Or, cette surproduction d'insuline est pro-inflammatoire.

La maladie d'Alzheimer

La piste inflammatoire est également et clairement évoquée dans la maladie d'Alzheimer.

Mais, d'abord, rappelons ce qu'est cette pathologie, principale cause de démence, qui provoque une diminution d'autonomie progressive et non réversible. Elle se caractérise par des lésions spécifiques au niveau du cerveau associant la perte de neurones et la présence de plaques caractéristiques, les plaques amyloïdes.

Quelles sont les causes de la maladie d'Alzheimer ?
Les causes sont multiples et complexes : la génétique, des troubles vasculaires, l'exposition à certains toxiques et surtout une théorie développée depuis la fin des années 1980 mettant en cause, une fois de plus, l'inflammation chronique, sans que l'on sache vraiment si elle est à l'origine des lésions ou si c'est la destruction des cellules nerveuses qui enclenche le phénomène inflammatoire.

Quoi qu'il en soit, elle existe et elle aggrave la maladie. Il faut donc la combattre.

La maladie de Parkinson

La maladie de Parkinson semble avoir des liens avec l'inflammation chronique. Des études ont pu démontrer la présence d'une telle inflammation dans les régions du cerveau touchées[1]. Parmi plusieurs pistes envisagées, celles d'une chercheuse à l'université de Laval au Québec qui s'intéresse aux relations entre Parkinson et les herbicides, ou de chercheurs de la clinique Mayo, dans le Minnesota, qui explorent une relation entre Parkinson et allergies. S'il n'y a pas de réponse formelle pour l'instant, il est sûr qu'aujourd'hui les études s'orientent vers l'utilisation éventuelle de médicaments anti-inflammatoires pour limiter l'évolution de la maladie.

Les maladies auto-immunes

Une maladie auto-immune est une maladie au cours de laquelle les défenses immunitaires, au lieu d'être dirigées vers un agent agresseur extérieur (un virus, par exemple), se retournent contre l'organisme lui-même. Le lupus, la polyarthrite rhumatoïde, la sclérose en plaques, une certaine forme de thyroïdite sont des maladies auto-immunes et elles ont une composante inflammatoire chronique. L'inflammation silencieuse est parfois déjà installée depuis plusieurs années avant que les premiers symptômes de la maladie ne se fassent sentir. Et pour beaucoup de ces pathologies, il est difficile de savoir quel a été l'agent toxique responsable du phénomène inflammatoire, mais on sait que l'inflammation silencieuse est devenue chronique.

---

1. E. McGeer *et al.*, *British Columbia Medical Journal*, 2001.

L'influence de l'inflammation chronique sur le vieillissement cutané

Il n'y a qu'un pas à franchir pour s'intéresser aux relations entre l'inflammation chronique silencieuse et l'apparition des ridules, puis des rides ainsi que le relâchement cutané.

La peau, véritable barrière de protection de l'organisme, est quotidiennement agressée par des phénomènes qui déclenchent le vieillissement accéléré de ses cellules. Rayonnement ultraviolet du soleil, pollution, déséquilibres alimentaires, entre autres, sont à l'origine de modifications chimiques qui entraînent au final la destruction cellulaire.

L'exposition à ces facteurs toxiques déclenche dans la peau (comme dans les autres organes) la production de radicaux libres qui déséquilibrent la cellule, libérant l'acide arachidonique (AA), lui-même à la base de la fabrication des médiateurs pro-inflammatoires où l'on retrouve le schéma classique qui prépare l'installation insidieuse de l'inflammation chronique.

Parmi les déséquilibres alimentaires, le plus délétère est la consommation excessive de produits sucrés, ou plus exactement d'aliments ayant un index glycémique élevé. Survient alors dans l'organisme une réaction chimique entre les sucres et les protéines : la glycation. C'est une sorte de caramélisation des protéines qui se modifient chimiquement pour devenir des protéines glyquées. On les nomme AGE (*Advanced Glycation Endproducts*) ou produits de glycation avancée. Les AGE apparaissent aussi si on cuit les aliments à température élevée, au-dessus de 180 °C.

Ces AGE s'accumulent dans les cellules qui ne peuvent pas les éliminer. Ils modifient la structure cellulaire, conduisant à terme au vieillissement accéléré de la cellule, puis à sa mort. Tous les stades de la glycation favorisent la formation de radicaux libres. Et ceux-ci favorisent à leur tour la libération de facteurs pro-inflammatoires. La cascade inflammatoire est déclenchée, à l'origine d'un vieillissement accéléré des cellules de la peau. (Il est intéressant de noter que les plaques amyloïdes caractéristiques de la maladie d'Alzheimer contiennent aussi des AGE.)

Le phénomène inflammatoire, ainsi amorcé et auto-entretenu, s'oppose à la réparation cellulaire de la barrière cutanée altérée. Des enzymes destructrices sont activées. Ces collagénases, gélatinases ou stromelysines, aboutissent à la destruction du collagène, indispensable au soutien du derme. Il en résulte l'apparition de fines ridules qui vont bientôt devenir des rides, accompagnant une fragilisation et un vieillissement de la peau.

Ces données modifient la prise en charge du vieillissement de la peau. En effet, on commence à s'apercevoir que les cellules de la peau pourraient tirer un bénéfice direct d'une alimentation à la fois riche en antioxydants (contre les radicaux libres) et en nutriments anti-inflammatoires, à condition de savoir choisir les aliments adéquats, de respecter les apports nutritionnels conseillés, de savoir les utiliser et de respecter certains modes de cuisson.

L'influence de l'inflammation chronique sur le surpoids

Les personnes en surpoids présentent une augmentation du taux de deux marqueurs de l'inflammation dans le sang : l'interleukine 6 (IL6) et la CRP, la protéine C réactive. En 2003, une équipe de chercheurs espagnols a même conclu un article en déclarant : « L'obésité apparaît de plus en plus comme une maladie inflammatoire d'origine alimentaire[1]. »

---

1. J. M. Fernández-Real, « Insulin resistance, inflammation, and serum fatty acid composition », *Diabetes Care*, 2003, 26 (5), p. 1362-1368.

On le sait désormais, il existe une relation directe entre le surpoids, l'obésité et l'inflammation silencieuse chronique.

Une étude signée par des chercheurs de l'université de Buffalo[1], dans l'État de New York, a démontré que, en présence d'une augmentation de la masse grasse, certains globules blancs, les lymphocytes et les mastocytes, sont activés et encouragent les cellules de stockage des graisses, les adipocytes, à produire des molécules pro-inflammatoires.

Ce sont donc les adipocytes qui fabriquent les médiateurs de l'inflammation. Pendant longtemps, on a cru que ces cellules n'étaient que de simples sacs de stockage des graisses. Or, il n'en est rien. On a affaire à une cellule qui fabrique des médiateurs de l'inflammation et qui entraîne aussi le stockage ou le déstockage des graisses, car elle synthétise une substance agissant sur l'appétit, la leptine (une cellule intelligente en quelque sorte), directement impliquée dans la prise de poids.

La présence de l'inflammation persistante brouille les signaux.

La leptine permet de brûler les graisses et diminue les fringales s'il y a trop de masse grasse (donc trop de kilos). Avec l'âge, les excès alimentaires et le manque d'exercice physique, la masse grasse augmente. Cette augmentation du tissu graisseux déclenche une inflammation chronique de faible intensité qui interfère à son tour avec le bon fonctionnement de la leptine. Et la perturbation de la leptine entraîne une diminution de l'utilisation des graisses et une plus grande prise alimentaire, car l'appétit est accru. D'autant que cette résistance à la leptine provoque également des interférences avec le fonctionnement d'une autre hormone déjà évoquée, l'insuline.

---

1. H. Ghanin *et al.*, *Circulation*, 2004.

L'inflammation chronique silencieuse crée, vous l'avez compris, un terrain propice à l'apparition d'une résistance des cellules à l'action de l'insuline. Obésité, résistance à la leptine, insulino-résistance, inflammation chronique silencieuse : la boucle est bouclée.

Enfin une réponse aux problèmes de surpoids ?
Pour retrouver une bonne utilisation des graisses et des sucres ainsi qu'un appétit « normal », il faut donc lutter contre l'inflammation chronique silencieuse. Et cela grâce à une alimentation anti-inflammatoire et à un changement de mode de vie.

Et les inflammations chroniques « bruyantes » ?

Pourquoi ne pas élargir cette alimentation anti-inflammatoire à tous ceux et celles qui souffrent d'une inflammation chronique « bruyante » – c'est-à-dire douloureuse – comme l'arthrose et les allergies ? Ces maladies, comme les précédentes, ont besoin d'être prises en charge médicalement. Mais on peut imaginer que l'alimentation anti-inflammatoire puisse être un plus dans le cadre d'une prise en charge globale.

Alimentation et inflammation silencieuse : des liens indéniables

Des chiffres éloquents

Obésité : 8,2 % de personnes obèses en 1997 ; 14,5 % en novembre 2009, en France[1].

Diabète : 3 % de diabétiques en 2003 ; 4 % en 2007, en France[2].

Cancers : 300 000 nouveaux cas de cancers en Europe entre 2004 et 2006[3].

L'augmentation du nombre de ces pathologies est si importante que certains n'hésitent plus à parler d'épidémies, surtout en ce qui concerne l'obésité et le diabète, même s'il n'y a là rien de contagieux.

Comment expliquer cette évolution ?

Bien sûr, les progrès de la technologie médicale et l'avancée des connaissances scientifiques permettent un diagnostic plus précis des maladies. Il y a donc moins de malades qui passent inaperçus.

---

1. Étude Obépi-Roche, 1997 et 2009.
2. *Bulletin épidémiologique hebdomadaire,* n° 43, 12 novembre 2008.
3. P. Boyle *et al., Annals of Oncology,* février 2007.

Mais il y a une explication plus profonde au développement de ces maladies.

Ce qui est surtout en cause, c'est une inadéquation entre le corps et la société. Il y a quelques années, j'ai eu la chance de pouvoir assister aux consultations d'un des grands spécialistes mondiaux de l'obésité, le Pr Georges Blackburn à Harvard (Boston). Il avait souvent des patients souffrant d'obésité morbide et il commençait sa consultation en leur expliquant que ces mêmes gènes qui, aujourd'hui, favorisaient leur surcharge pondérale avaient permis à leurs ancêtres de survivre au milieu d'une nature hostile. Mais la société a changé : abondance d'aliments, facilité à se les procurer, tentations diverses et occasions de les consommer. Nos gènes n'ont pas changé, mais notre mode de vie, lui, s'est radicalement transformé, en particulier au xxe siècle.

Nos arrière-grands-parents ne mangeaient pas de gâteaux industriels au goûter. Ils ne connaissaient pas non plus les chips. Ils cultivaient leurs fruits et leurs légumes sans pesticides. Ils n'avaient pas encore attaqué la couche d'ozone avec leurs gaz à effet de serre. Ils avaient une bonne activité physique. Ils ne conduisaient pas leur voiture toute la journée et leurs instruments de travail n'étaient pas automatisés.

Nos conditions et nos habitudes de vie ont beaucoup changé en un siècle, en France et dans tous les pays occidentaux. On cuisine de moins en moins. On consomme des plats tout prêts, plus riches en graisses saturées, en acides gras trans et en sucres. On ne mange pas assez de fruits et de légumes. On grignote des aliments caloriques, riches en graisses et en sucres, et c'est d'autant plus vrai chez les jeunes comme le montre l'enquête du Crédoc[1] (Centre de recherche pour l'étude et l'observation des conditions de vie). Il s'agit donc d'une alimentation qui apporte moins de fibres, moins

---

1. Enquête CCAF (Comportements et consommations alimentaires en France) du Crédoc, 2007.

de vitamines. Le sel qui favorise l'hypertension artérielle, facteur de risque cardiovasculaire, est partout. De plus, les aliments industrialisés, riches en gras et en sucres, sont pauvres en nutriments essentiels. Ces choix alimentaires ne permettent plus d'assurer les apports nutritionnels conseillés.

D'autre part, les technologies ont évolué, car y compris dans les produits bruts, il y a eu bien des changements. Les techniques d'élevage ont été modifiées, tout comme la nutrition animale. Plus de transformations chimiques, plus de rendement, moins de productions naturelles modifient sur le plan nutritionnel la viande, le lait, les œufs... Quant aux poissons de mer, ils nagent dans une eau potentiellement contaminée.

Cet appauvrissement de l'alimentation est encore accentué par l'évolution des techniques de cuisson : on cuisine avec de l'aluminium et des températures élevées qui détruisent certains nutriments et font apparaître des substances délétères pour la santé.

Enfin, nous sommes de plus en plus sédentaires. Or, de nombreuses études scientifiques démontrent aujourd'hui les bienfaits de l'exercice physique dans la prévention de nombreuses maladies, notamment dans celle des maladies liées à l'inflammation, cette inflammation silencieuse chronique qui s'est développée avec les changements environnementaux.

Le rôle de l'alimentation dans l'inflammation chronique

Le tableau est assez noir, surtout si on ne fait rien. Mais heureusement, si certains choix alimentaires conduisent à l'inflammation chronique, d'autres au contraire permettent de la réduire.

Il y a les aliments dits pro-inflammatoires qui déclenchent la cascade de l'inflammation. Ce sont des sucres à index glycémique élevé, des graisses saturées d'origine animale et des acides gras trans, ces graisses issues de la transformation industrielle qu'on retrouve dans les produits raffinés.

Vous découvrirez que d'autres graisses, les oméga-6, même si elles sont essentielles à l'organisme, sont pro-inflammatoires (voir p. 40). Elles le sont d'autant plus si elles sont consommées en quantité trop importante par rapport aux acides gras oméga-3, l'autre famille d'acides gras essentiels, qui eux comptent parmi nos choix anti-inflammatoires.

D'ailleurs, l'alimentation anti-inflammatoire pourrait presque faire partie du Grenelle de l'environnement ! C'est tout le sujet de ce livre : vous guider vers une alimentation et un mode de vie anti-inflammatoires, avec d'abord une petite mise en garde.

Il n'y a pas de bons ou de mauvais aliments. Il ne faudrait surtout pas diaboliser certains produits pour en encenser d'autres. La consommation d'un aliment pro-inflammatoire ne va pas provoquer une inflammation chronique à lui tout seul. Et les aliments anti-inflammatoires ne sont pas non plus des médicaments.

Une bonne alimentation est une alimentation équilibrée qui offre un choix varié de produits. C'est cette éducation nutritionnelle que nous vous proposons d'acquérir, associée à une hygiène de vie saine. Il s'agit de modifications en profondeur de vos habitudes de vie, en connaissance de cause. Et vous constaterez que ce n'est pas si compliqué.

Les caractéristiques de l'alimentation anti-inflammatoire

Choisir ces aliments, c'est avant tout choisir des nutriments, ces substances nutritives qui composent les aliments : glucides, lipides, protéines, vitamines, oligoéléments. Un aliment n'est jamais parfait ou à éliminer. Disons plutôt qu'il est soit à tendance pro-inflammatoire, soit à tendance anti-inflammatoire en fonction des nutriments qu'il contient.

Interdire tel ou tel produit reviendrait à sortir du cadre de l'équilibre alimentaire. Il est plus judicieux de favoriser certains aliments parce qu'ils s'opposent à l'inflammation chronique par rapport à d'autres qui ont tendance à déclencher ou aggraver la cascade de l'inflammation.

LES NUTRIMENTS À LIMITER (PRO-INFLAMMATOIRES)

Les acides gras saturés et les acides gras trans

Comment les reconnaître ?

Les acides gras saturés font partie de la grande famille des graisses. Leur forme chimique est à l'origine de leur nom : tous les atomes de carbone de ces acides gras sont saturés, occupés par des molécules d'hydrogène.

Ils peuvent être d'origine animale dans les produits laitiers, le beurre, certaines viandes... On en trouve aussi dans des sources végétales telles que l'huile de palme. Ils répondent aux noms d'acide stéarique, d'acide palmitique, etc.

On connaît les effets délétères d'une consommation excessive d'acides gras saturés (dans les viandes grasses, le beurre, les fromages...) sur le risque cardiovasculaire. Une alimentation riche en acides gras saturés augmente le taux d'un des marqueurs de l'inflammation, la protéine C réactive. L'excès de ces graisses entraîne une inflammation et une insulino-résistance qui contribuent au développement du syndrome métabolique[1].

Qu'est-ce que le syndrome métabolique ?

Ce n'est pas une maladie à proprement parler mais un ensemble de signes qui accroissent fortement le risque de diabète, de maladies cardiaques ou d'accident vasculaire cérébral. Ce syndrome associe une obésité à prédominance abdominale avec une hypertension, une insulino-résistance, une hypertriglycéridémie, une diminution du taux du cholestérol protecteur, le cholestérol HDL.

Les acides gras trans ont la même structure que les acides gras.

Ils ont trois origines. Ils proviennent de la transformation bactérienne d'acides gras insaturés dans l'appareil digestif des ruminants. On les retrouve donc ensuite dans les produits laitiers et dans la viande. Ils peuvent aussi être issus de la transformation chimique

---

1. A. Kennedy, *Journal of Nutrition*, 2008.

d'huiles végétales (hydrogénation catalytique partielle et désodorisation). Enfin, ils se forment lors de la friture.

Comme leurs cousins, les acides gras saturés, ils provoquent un processus inflammatoire en augmentant la vulnérabilité de la membrane des cellules aux effets des prostaglandines, médiateurs de l'inflammation. Une consommation régulière affecte les taux de lipides dans le sang, augmentant le taux du mauvais cholestérol (le cholestérol LDL) et abaissant le taux du cholestérol protecteur (le cholestérol HDL). Ces anomalies lipidiques favorisent la survenue de l'athérosclérose, ou athérome, cette plaque qui se dépose sur la paroi des grosses artères et qui est directement en rapport avec les maladies cardiovasculaires.

Là encore, il n'est pas question d'interdire la consommation de certains produits. Il est cependant important de connaître leur potentialité pro-inflammatoire pour en limiter la consommation.

Le tableau suivant indique les aliments les plus riches en acides gras saturés et acides gras trans.

Sources d'acides gras saturés

Viandes rouges grasses	côte de bœuf, entrecôte mouton porc (sauf le jambon dégraissé et le filet mignon, qui sont maigres)
Charcuterie	saucisses, saucisson... (sauf le jambon blanc dégraissé et découenné et le blanc de dinde ou de poulet, qui sont maigres)
Produits laitiers	au lait entier crèmes dessert glaces crème fraîche entière fromages gras
Huiles	huile de coco huile de palme
Chocolat blanc et au lait	

Sources d'acides gras trans

Margarine solide (non disponible en France)	
Fritures diverses	frites et chips viandes et poissons panés et frits
Produits céréaliers	viennoiseries pâtes à pizza et pâtes feuilletées gâteaux et pâtisseries industriels gâteaux apéritifs
Produits chocolatés	barres chocolatées et pâtes à tartiner

Qu'en est-il des huiles partiellement hydrogénées ?

Une huile partiellement hydrogénée est une huile végétale (de colza ou de maïs) qui a subi une transformation chimique pour devenir partiellement ou complètement solide, selon un procédé ancien (1902). Ces huiles, moins coûteuses que le beurre, donnent la sensation de « fondre dans la bouche ». Elles peuvent donc remplacer le beurre dans certains produits de boulangerie, des barres chocolatées, des céréales, des produits finis type chips ou gâteaux apéritifs.

Le problème est que cette hydrogénation entraîne l'apparition d'acides gras trans potentiellement pro-inflammatoires et mis en cause depuis longtemps dans la survenue de certaines maladies cardiovasculaires, voire de certains cancers, comme celui de la prostate (des études sont en cours).

La commission européenne s'est intéressée aux effets de ces huiles sur la santé à travers l'Agence européenne de sécurité alimentaire. Et une étude récente de l'INSERM dévoile une relation entre les huiles partiellement hydrogénées, leurs acides gras trans et le risque doublé de voir survenir un cancer du sein. Cette étude, relayée par David Servan-Schreiber, est l'une des premières à lier ces acides gras trans et le risque cancéreux.

Certains pays, dont le Danemark, ont interdit leur utilisation. Le Canada, les villes de New York et de Chicago l'envisagent. En France, elles sont présentes dans un certain nombre d'aliments, car on considère aujourd'hui que l'apport moyen en acides gras trans est inférieur aux quantités qui sont en relation avec la survenue accrue des maladies cardiovasculaires. Cependant, certaines catégories de population, en particulier les jeunes, consomment beaucoup plus d'acides gras trans que la moyenne nationale.

La présence des huiles partiellement hydrogénées est indiquée sur les étiquettes nutritionnelles.

Comment repérer les huiles partiellement hydrogénées sur les étiquettes ?

Veillez à lire les étiquettes des produits que vous consommez. La présence de ces huiles peut être indiquée dans la composition sous les termes :

- **matières grasses hydrogénées** ;
- **huiles hydrogénées** ;
- **huiles partiellement hydrogénées** ;
- voire **shortening** (un terme anglais qui désigne la solidification des huiles).

Il est cependant curieux de constater la présence de ces huiles jusque dans certains gâteaux de régime !

La plupart des fabricants de gâteaux et de biscuits en France ont décidé il y a quelques années de limiter les apports en acides gras trans à moins de 1 gramme pour 100 grammes de produit fini. Pas de vrai problème pour une consommation raisonnable. Le cas échéant, les recommandations maximales d'apports en acides gras trans sont vite dépassées. À ce jour, si une grande partie de la profession joue le jeu, certains fabricants omettent encore la mention de ces graisses sur les étiquettes.

Trouver le juste équilibre entre les oméga-6 et les oméga-3

Les acides gras de la famille des oméga-6 sont des acides gras essentiels. « Essentiels » signifie que l'organisme ne peut fonctionner sans eux et qu'ils doivent absolument être apportés par l'alimentation. L'acide linoléique est leur chef de file. Vous connaissez déjà un autre des acides gras oméga-6, l'acide arachidonique (AA), que nous avons évoqué dans la genèse de l'inflammation chronique et silencieuse (voir p. 19). Il peut être fabriqué par l'organisme. Il peut aussi être fourni par l'alimentation. Outre sa présence dans le jaune d'œuf, l'AA se retrouve dans la chair des animaux (dans les viandes et quelques poissons d'élevage) qui ont été nourris aux céréales riches en oméga-6.

Les acides gras oméga-6 donnent naissance aux prostaglandines, prostacyclines, leucotriènes, tous médiateurs de l'inflammation qui, rappelons-le, est un mécanisme vital pour l'homme. Donc, les acides gras oméga-6 sont pro-inflammatoires. C'est bien là le problème.

D'autant que les Français en consomment trop par rapport à l'autre famille d'acides gras essentiels, les oméga-3, qui, eux, sont anti-inflammatoires.

Notre conseil : rétablir l'équilibre du rapport oméga-6/oméga-3 en diminuant la consommation des premiers et en augmentant celle des seconds. En diminuant la présence des précurseurs des oméga-6 dans les tissus, on permet aux oméga-3 de s'opposer à la fabrication des éicosanoïdes provenant des oméga-6.

Nous reviendrons longuement sur les oméga-3 dans le chapitre sur les aliments anti-inflammatoires (p. 175-215). La liste suivante peut déjà vous aider à limiter les sources d'acides gras oméga-6.

Les sources d'oméga-6

Graines de tournesol, rôties ou grillées	acide linoléique
Huile de tournesol	acide linoléique
Graines de sésame	acide linoléique
Huile de pépins de raisin	acide linoléique
Huile de carthame	acide linoléique
Huile de maïs	acide linoléique
Huile de soja	acide linoléique
Jaune d'œuf	acide arachidonique

Limiter les aliments à index glycémique élevé

L'index glycémique (IG) est le pouvoir sucrant de l'aliment. Plus il est élevé, plus il entraîne une hyperglycémie (augmentation du taux de sucre dans le sang).

Un certain nombre d'études, comme celle menée par les chercheurs de l'université de Case Western aux États-Unis, ont clairement pu démontrer que l'hyperglycémie entraîne la production de radicaux libres et favorise la production de facteurs inflammatoires.

C'est à Jennie Brand-Miller, l'une des meilleures spécialistes mondiales de l'IG, que nous devons la table des aliments classés en fonction de leur index glycémique. Cet IG est une mesure permettant de définir l'influence du sucre provenant des aliments sur la glycémie (taux de sucre circulant dans le sang), et ce par rapport à un aliment de référence, le glucose. Plus ce pourcentage est élevé, plus l'absorption du sucre est rapide et plus la glycémie s'élève.

On considère que l'IG est élevé à partir de 70 %. Le tableau ci-dessous répertorie les principaux aliments à index glycémique élevé.

Les aliments à index glycémique élevé

	IG (%)
Glucose	100
Pomme de terre au four	95
Riz à cuisson rapide	87
Farine de blé blanche	85
Navet cuit	85
Pop-corn	85
Purée instantanée	83
Flocons d'avoine instantanés	82
Corn-flakes	79
Pomme de terre bouillie sans peau	78
Baguette blanche	78
Céréales au chocolat	77
Pastèque	75
Pain de mie complet	71
Pain de mie blanc	70
Datte	70

Pour résumer, au risque de nous répéter, les aliments pro-inflammatoires ne doivent pas disparaître de vos choix alimentaires. Rappelez-vous : tout est dans l'équilibre. Une alimentation santé doit cependant limiter les acides gras trans et les acides gras saturés directement en rapport avec les maladies cardiovasculaires et certains cancers. Les aliments à index glycémique élevé favorisent l'hyperglycémie et à terme l'insulino-résistance ; ils sont à déconseiller chez les patients diabétiques. En règle générale, les aliments raffinés, les plats et les produits de fabrication industrielle sont à éviter pour favoriser une alimentation plus saine, composée de produits aux réels bénéfices nutritionnels.

LES NUTRIMENTS À PRIVILÉGIER (ANTI-INFLAMMATOIRES)

Certains aliments sont considérés comme anti-inflammatoires parce qu'ils contiennent des substances nutritives précises, bien connues scientifiquement.

Les aliments à index glycémique bas

L'index glycémique, une fois de plus, est à l'honneur. Si nous avons classé les aliments à index glycémique (IG) élevé parmi les produits pro-inflammatoires, ceux qui entraînent une moindre augmentation de la glycémie sont anti-inflammatoires. Pourquoi ? Parce qu'ils déclenchent moins la synthèse de l'insuline et qu'ils sont souvent plus riches en fibres, elles-mêmes anti-inflammatoires.

Voici un tableau de quelques aliments anti-inflammatoires à index glycémique moyen ou faible pour mieux vous orienter dans vos choix alimentaires.

Les aliments à index glycémique moyen (56 % à 69 %) ou faible (< 55 %)

Fruits	
Ananas	66
Abricot	57
Kiwi	53
Raisin	46
Orange	44
Pomme	38
Poire	38

Pamplemousse	25
Groseille	25
Cerise	23
Légumes et apparentés	
Patate douce	46
Carotte cuite	39
Soupe de tomates en conserve	38
Carotte crue	16
Tous les autres légumes	15
Pains et céréales	
Flocons d'avoine non instantanés	59
Pain noir	50
Pain intégral	49
Muesli sans sucre ajouté	49-55
Pain aux céréales	48
Céréales All Bran™	34
Féculents et légumineuses	
Pomme de terre avec la peau, cuite à la vapeur	65
Riz blanc	64
Riz basmati	58
Lentilles vertes en conserve	52
Riz brun	50
Spaghettis *al dente*	44
Petit pois	41
Pâtes complètes	37
Lentilles vertes bouillies	29
Pois chiches	28
Lentilles corail	26
Autres	
Yaourt	30
Chocolat noir	22

Tout d'abord, la prise en compte de l'index glycémique permet de lutter contre les idées reçues. Longtemps, par exemple, on a considéré que les cerises et les raisins étaient beaucoup plus sucrés que la pastèque. Ce n'est pas du tout le cas, puisque la pastèque présente un index glycémique de 75, alors que les cerises ont un index glycémique bas (23). Il faut aussi savoir que la cuisson augmente l'index glycémique. Des pâtes *al dente* ont un index glycémique plus bas que celles qui ont cuit plus longtemps.

Les bénéfices santé d'une alimentation à index glycémique bas sont nombreux. En premier lieu, ce sont les patients diabétiques qui doivent consommer des aliments à index glycémique bas pour gérer leur taux de glycémie, les régimes à IG bas améliorant la sensibilité des cellules à l'insuline. Ils auront moins de fringales entre les repas, car moins d'hypoglycémies. Les aliments à IG bas donnent une plus grande impression de satiété. En général, cette alimentation s'accompagne d'une perte de poids. Pour les sportifs, l'endurance est améliorée et prolongée.

Les vitamines

Les trois vitamines antioxydantes

La synthèse en excès des radicaux libres, que ce soit lors de la glycation ou de l'exposition à d'autres facteurs (rayonnement ultraviolet, pollution, tabac, obésité, stress et bien sûr alimentation pro-oxydante...) favorisant l'oxydation, aboutit au déclenchement et à l'entretien de l'inflammation silencieuse (voir l'encadré sur les radicaux libres, p. 19). Les antioxydants sont des substances qui s'opposent au stress oxydatif, résultat de la production excessive, anarchique de radicaux libres. Les antioxydants s'opposent donc également à l'inflammation chronique.

Pourtant, ces antioxydants n'ont pas que des bénéfices, surtout si on les utilise mal. Si on consomme des compléments alimentaires en dépassant les apports journaliers recommandés (par exemple, prise de plusieurs complexes antioxydants en même temps), les antioxydants peuvent devenir... pro-oxydants. Il est ainsi déconseillé aux personnes ayant un cancer de prendre ces compléments. Voici une preuve supplémentaire que tout est question d'équilibre.

Si on respecte les apports nutritionnels conseillés, les antioxydants jouent leur rôle en limitant le vieillissement accéléré des cellules et le risque de certaines pathologies. C'est le résultat de l'étude Suvimax (Supplémentation en vitamines et minéraux antioxydants) conduite par le Dr Serge Hercberg pendant sept ans et demi sur plus de 13 000 personnes, de 1994 à 2002. C'est la première étude française de ce genre. Les hommes de cette étude, qui manquaient d'antioxydants parce qu'ils ne consommaient pas suffisamment de fruits et légumes, ont vu diminuer leur risque de développer un cancer de 31 % en prenant une complémentation d'antioxydants correspondant aux apports journaliers recommandés. Les décès ont diminué de 37 % dans ce groupe. La conclusion de l'étude Suvimax est de conseiller un apport d'antioxydants sous forme de fruits et légumes, à raison de cinq par jour. C'est d'ailleurs l'une des recommandations du PNNS, le Programme National Nutrition Santé.

Le bêta-carotène

C'est un précurseur de la vitamine A, d'origine végétale. On le trouve dans les fruits et les légumes jaune orangé (abricot, carotte...) et les légumes à feuilles vert foncé.

Les apports nutritionnels conseillés en bêta-carotène[1]

Adulte (homme et femme)	2,1 mg/jour

---

1. A. Martin, *Apports nutritionnels conseillés pour la population française*, Tec & Doc, Lavoisier, 3e édition, 2000.

La vitamine C

C'est celle des fruits (agrumes, kiwi...), des légumes (poivron...) et des herbes (persil...). C'est une vitamine très sensible à l'air et à la lumière.

Les apports nutritionnels conseillés en vitamine C[1]

Adulte (homme et femme)	110 mg/jour

La vitamine E

Liposoluble, on la trouve dans les produits gras comme les huiles végétales, les oléagineux (amande, noix...), mais aussi dans les fruits de mer et certains légumes (brocoli, épinard, asperge...).

Les apports nutritionnels conseillés en vitamine E[1]

Adulte (homme et femme)	12 mg/jour

Les autres vitamines

La vitamine K

Elle active les facteurs de la coagulation. Une étude[1] que l'on doit aux chercheurs de l'université de Tufts, à Boston, tend à démontrer qu'une association de vitamine K avec un peu de vitamine D pourrait lutter contre l'inflammation chronique et silencieuse. Dans cette étude, les apports en vitamine K étaient reliés à une diminution des marqueurs de l'inflammation. Pour la vitamine D, c'est un marqueur du stress oxydant, l'isoprostane, qui était abaissé.

La vitamine K a deux origines. La vitamine K1 (90 % de l'apport) se trouve particulièrement dans les légumes verts à feuilles (brocoli, chou, épinard, cresson, laitue...), les huiles de colza et d'olive. La

---

1. M. K. Shea, *American Journal of Epidemiology*, 2007.

vitamine K2 (10% de l'apport) est fabriquée par les bactéries de l'intestin.

Attention : la vitamine K se manie avec précaution, surtout chez les patients qui prennent des anticoagulants. La vitamine K a été retirée des complexes de multivitamines et des crèmes que prescrivaient les chirurgiens en postopératoire. Comme elle modifie la coagulation, elle ne peut pas être proposée en automédication ou en complément nutritionnel.

Les apports nutritionnels conseillés en vitamine K[1]

Adulte (homme et femme)	45 µg/jour

La vitamine D

Outre l'étude menée par les chercheurs de Tufts que nous venons d'évoquer pour la vitamine K, quelques études, encore non confirmées chez l'homme, envisagent l'action préventive de la vitamine D contre le cancer chez l'animal leucémique. Et la médecine traditionnelle (disons la médecine de nos grands-mères) utilise la vitamine D issue de l'huile de foie de morue pour lutter contre les inflammations articulaires.

Si cette vitamine n'est pas identifiée comme étant vraiment anti-inflammatoire, c'est du moins une affaire à suivre.

Les sources alimentaires de vitamine D sont principalement les poissons gras.

Les apports nutritionnels conseillés en vitamine D[1]

Adulte (homme et femme)	5 µg/jour

---

1. A. Martin, *Apports nutritionnels conseillés pour la population française*, op. cit..

Les oligoéléments

Le zinc

C'est un acteur incontournable. Son action anti-inflammatoire est connue depuis l'Antiquité. Le zinc est aussi un antioxydant.

L'huître est l'aliment le plus riche en zinc. On le trouve aussi dans la viande, les céréales complètes et les produits laitiers. Le zinc joue un rôle dans l'immunité.

Les apports nutritionnels conseillés en zinc[1]

Femme adulte	10 mg/jour
Homme adulte	12 mg/jour

Le cuivre

Il protège contre l'oxydation cellulaire, via l'action d'une enzyme, la superoxyde dismutase. Il préserve également l'intégrité du collagène, le tissu de soutien du derme. Il a lui aussi des vertus anti-inflammatoires. Ne propose-t-on pas de porter des bracelets à base de cuivre pour lutter contre l'inflammation articulaire ?

Le cuivre se trouve dans les légumes secs, les oléagineux, les céréales complètes, les fruits (citron, poire, avocat...), certains légumes (artichaut, champignon...) et le vin rouge. L'eau peut apporter du cuivre en quantité variable.

Les apports nutritionnels conseillés en cuivre[1]

Femme adulte	1,5 mg/jour
Homme adulte	2 mg/jour

Le sélénium

Il a une action antioxydante notable, car il régule l'action d'une enzyme, la glutathion-peroxydase, qui s'oppose au stress oxydant. Il permet à d'autres molécules antioxydantes, les vitamines C et E, de se régénérer. C'est un ardent défenseur de l'organisme contre l'inflammation.

Le sélénium accompagne tous les aliments riches en protéines. Il n'est donc pas étonnant de le trouver dans les poissons, les fruits de mer, les viandes, mais aussi dans les céréales complètes, les oléagineux et quelques légumes (épinard, ail, champignon...).

Les apports nutritionnels conseillés en sélénium[1]

Femme adulte	50 µg/jour
Homme adulte	60 µg/jour

Le manganèse

Il est à la fois antioxydant et anti-inflammatoire. Il agit aussi sur le métabolisme des sucres et des graisses.

Ses principales sources sont les céréales complètes, les fruits (surtout l'ananas), les légumes verts feuillus, les légumineuses et les algues.

Les apports nutritionnels conseillés en manganèse[1]

Adulte (homme et femme)	1 à 2,5 mg/jour

---

1. A. Martin, *Apports nutritionnels conseillés pour la population française, op. cit..*

Le magnésium

Il joue un rôle dans de nombreuses réactions chimiques du corps ainsi que dans l'immunité. Il est antistress, antiallergique et anti-inflammatoire. Les déficiences en magnésium sont fréquentes. Les aliments que vous consommez sont moins riches en magnésium qu'autrefois, car les engrais chimiques en sont pauvres. Les aliments raffinés contiennent de moins en moins de cet oligoélément. Enfin, les régimes à répétition et une alimentation déséquilibrée concourent à une déficience, voire à une carence en magnésium.

Ses sources : le chocolat, les oléagineux, la banane, la figue sèche, l'abricot sec, les légumes verts, les lentilles, le poisson, les fruits de mer et les algues.

Les apports nutritionnels conseillés en magnésium[1]

Femme adulte	360 mg/jour
Homme adulte	420 mg/jour

Le chrome

Il est nécessaire au métabolisme des sucres et des graisses. Le chrome intervient dans le métabolisme de l'insuline. Il est proposé en complément alimentaire en cas d'insulino-résistance. Il limite les fringales et se révèle anti-inflammatoire grâce à son action sur l'insulino-résistance.

On le trouve dans les levures, le foie, les viandes, les noix et les graines complètes.

Les apports nutritionnels conseillés en chrome[1]

Adulte	50 à 70 µg/jour

---

1. A. Martin, *Apports nutritionnels conseillés pour la population française, op. cit.*.

Les phytonutriments

De «phyto», qui signifie «plante», et «nutriment» désignant une substance nutritive, les phytonutriments ne sont ni des vitamines ni des oligoéléments, mais ils possèdent un effet anti-inflammatoire et sont, pour la plupart, antioxydants (sauf les glucosinolates).

Les polyphénols

Le principal sous-groupe des polyphénols est constitué par les flavonoïdes, eux-mêmes classés en deux catégories : les «jaunes» des légumes (brocoli, chou, épinard, haricot vert...) et ceux situés dans la peau des fruits (citroflavonoïdes de la peau des agrumes...) et les «rouges», les anthocyanes présents dans les fruits et baies rouges et noires (myrtille, mûre...) et le vin rouge.

Attardons-nous sur l'un d'entre eux, la quercétine, qui possède une puissante action anti-inflammatoire. Elle a donné lieu à de très nombreuses études qui démontrent ses effets protecteurs au plan cardiovasculaire, sa potentielle activité anticancéreuse ainsi que ses effets antiallergiques et antiviraux. Une sorte de super-protectrice à l'action antioxydante que l'on trouve dans les oignons jaunes et rouges, les pommes, les brocolis, le raisin noir, certaines baies et graines ainsi que dans les oléagineux.

Les autres polyphénols portent le nom d'acides benzoïques, de proanthocyanidines, de lignanes, de stilbènes... Ce sont les proanthocyanidines, plus connus sous le nom de tanins, que l'on trouve dans le cacao, le thé (surtout vert) et le vin rouge. Un autre composé, le resvératrol, appartenant à la famille des stilbènes, présent dans le vin rouge, le jus de raisin rouge, le raisin noir et quelques-unes des baies rouges, a été évoqué comme étant l'une des explications possibles du *french paradox* («paradoxe français») : les Français, en particulier dans le Sud-Ouest, présentent moins de maladies cardiovasculaires que d'autres populations alors que leur alimentation est considérée comme riche ; la consommation de vin rouge, avec ses tanins et son resvératrol aux actions antioxydantes, est l'une des raison de ce phénomène.

Les caroténoïdes

Il y a aussi les caroténoïdes, alpha- et bêta-carotène, lycopène, lutéine, zéaxanthine, cryptoxanthine et environ six cents autres composés. Nous avons déjà parlé de l'un d'entre eux, le bêta-carotène (voir p. 46). La lutéine et le zéaxanthine ont des actions protectrices contre la cataracte et la dégénérescence maculaire de l'œil.

Les caroténoïdes sont des pigments à l'origine de la couleur rouge orangé des oranges, des tomates ou des carottes, et de la couleur jaune de certaines fleurs. On les retrouve aussi dans les champignons et dans les algues. Ils se transforment en vitamine A. Leur action antioxydante est évoquée dans la prévention de cancers comme celui de l'estomac.

Autres phytonutriments

Le coenzyme Q10 ou ubiquinone, proche parent de la vitamine K par sa structure chimique, a fait l'objet d'études pour son rôle antioxydant dans la prévention des maladies cardiovasculaires et du vieillissement de la peau : on le trouve d'ailleurs dans des crèmes antirides. Le coenzyme Q10 a un rôle essentiel dans la production d'énergie par la mitochondrie (la centrale énergétique de la cellule). Il agit aussi en synergie avec un autre antioxydant, la vitamine E, pour protéger les membranes des cellules contre le stress oxydatif.

Il y a aussi l'acide alpha-lipoïque, fabriqué dans le corps à partir d'un acide aminé, la cystéine, et que certains médecins (notamment le Dr Perricone, dermatologue américain qui a beaucoup travaillé sur les relations entre la glycation et les rides) n'hésitent pas à nommer l'antioxydant universel. Il favorise l'insulino-résistance, recycle d'autres molécules antioxydantes comme les vitamines C et E, et améliore l'action du coenzyme Q10, entre autres bienfaits. L'acide alpha-lipoïque est antioxydant et anti-inflammatoire.

Évoquons les glucosinolates présents dans la famille des crucifères (chou, navet...). On connaît leur action anticancéreuse, en particulier sur le poumon, le sein, l'estomac, le côlon et la vessie. Ce sont de puissantes molécules anti-inflammatoires.

De très nombreuses études continuent à s'intéresser aux antioxydants.

Les acides gras polyinsaturés oméga-3

Quels sont-ils ?

Ils font partie des graisses polyinsaturées (elles sont appelées ainsi car elles ont plusieurs doubles liaisons dans leur forme chimique). Ce sont des acides gras essentiels parce que le corps ne peut pas les fabriquer et qu'ils sont essentiels à la vie. Ils sont au nombre de trois – d'où leur nom – et sont issus d'un seul précurseur, un acide gras nommé acide alpha-linolénique (ALA). Les deux autres acides gras oméga-3, l'acide éicosapentaénoïque (EPA) et l'acide docosahexaénoïque (DHA), peuvent être synthétisés à partir de l'acide alpha-linolénique dans l'organisme, en petite quantité.

L'acide éicosapentaénoïque et l'acide docosahexaénoïque sont aussi apportés par l'alimentation. Cela explique que les apports journaliers recommandés soient plus importants pour l'acide alpha-linolénique que pour l'acide éicosapentaénoïque et l'acide docosahexaénoïque.

Apports recommandés en oméga-3[1]

	Hommes	Femmes
Acide alpha-linolénique (ALA)	2 g/jour	1,6 g/jour
Acide docosohexaénoïque (DHA)	0,12 g/jour	0,10 g/jour
Acide éicosapentaénoïque (EPA)	non déterminé	

Ce qui est primordial, c'est l'équilibre des apports entre les acides gras oméga-6 et les acides gras oméga-3. Aujourd'hui, l'alimentation des Français penche trop en faveur des oméga-6, qui sont pro-inflammatoires. Il faut donc veiller à avoir un apport suffisant en oméga-3, sans pour autant supprimer les oméga-6. Le rapport idéal oméga-6/oméga-3 doit être de 5, soit 10 grammes d'oméga-6 par jour et 2 grammes d'oméga-3 par jour[2].

Où les trouve-t-on ?

Les acides gras oméga-3 ont deux origines : végétale et marine. Les sources végétales apportent de l'acide alpha-linolénique. Les poissons et les produits de la mer sont principalement composés d'acide éicosapentaénoïque et d'acide docosahexaénoïque.

Les sources végétales d'acide alpha-linolénique (ALA)

Pour 100 g	ALA
Huiles et graines oléagineuses	
Huile de lin (non disponible en France)	54,2 g
Huile de noix	12,9 g
Huile de colza	9,2 g
Huile de germe de blé	7,8 g

1. AFSSA (Agence française de sécurité sanitaire des aliments), 2003.
2. http://www.sante.gouv.fr/htm/pointsur/nutrition/pol_nutri3323a.pdf : *Acides gras de la famille oméga-3 et système cardio-vasculaire : intérêt nutritionnel et allégations*, 2003.

Huile de soja	7,7 g
Huile d'olive	0,86 g
Noix	7,49 g
Graines de sésame	0,67 g
Légumineuses et céréales	
Fèves de soja sèches	0,93 g
Germe de blé	0,34 g
Orge	0,11 g
Légumes	
Pourpier	0,40 g
Épinard	0,13 g

L'action anti-inflammatoire des oméga-3

De très nombreuses études ont pu démontrer l'effet anti-inflammatoire des oméga-3, en particulier l'EPA et la DHA, qui diminuent les éicosanoïdes inflammatoires. Ils inhibent le métabolisme de l'acide arachidonique pro-inflammatoire. Enfin, ils donnent naissance à des médiateurs anti-inflammatoires.

Des expérimentations animales démontrent clairement que l'utilisation d'une complémentation en oméga-3 est bénéfique pour l'évolution de maladies inflammatoires chroniques (maladie de Crohn, polyarthrite rhumatoïde...). Les Inuits en sont un bon exemple : cette population d'Esquimaux qui consomment une grande quantité d'oméga-3 sous forme de poissons gras crus et qui ne présentent pas de psoriasis, une maladie inflammatoire de la peau.

Côté cœur, on sait depuis plusieurs années qu'une alimentation riche en oméga-3 permet de réduire la mortalité des patients coronariens. C'est en tout cas le résultat de l'étude de Lyon menée par le Dr Serge Renaud[1]. Les oméga-3 diminuent le taux de triglycérides dans le sang et améliorent la fluidité sanguine.

---

1. Dr S. Renaud, *Le régime santé*, Odile Jacob, 1998.

Côté poids, les oméga-3 diminuent la résistance des cellules à la leptine, cette hormone régulatrice de l'appétit. Nous l'avons déjà évoquée dans le chapitre sur les relations entre l'inflammation et le surpoids (voir p. 27). Rappelons simplement que lutter contre cette résistance des cellules à la leptine favorise la diminution de la masse grasse, donc la perte de poids.

Mais une consommation trop importante d'oméga-3 peut pourtant devenir délétère. Les Esquimaux, qui en consomment beaucoup sous forme de poissons gras, ont plus d'accidents vasculaires cérébraux de type hémorragique. Car, à trop forte dose, les oméga-3 augmentent grandement la fluidité du sang. Prudence, donc, dans l'interprétation que vous ferez de vos nouvelles connaissances. Une bonne alimentation reste équilibrée et vous apporte un choix varié d'aliments.

Les acides gras monoinsaturés

Quels sont-ils?

Il existe deux acides gras monoinsaturés, l'acide palmitoléique et l'acide oléique, que l'on retrouve dans la littérature médicale sous l'appellation oméga-9. L'acide oléique est le plus connu. C'est l'acide gras que l'on trouve dans l'huile d'olive. Ces acides gras sont monoinsaturés, car ils ne contiennent qu'une seule double liaison.

Où les trouve-t-on?

Ces graisses monoinsaturées sont présentes dans des huiles végétales, des oléagineux et des fruits oléagineux. Le tableau suivant reprend les principales sources d'oméga-9, exprimées en pourcentage par rapport au contenu total en graisses des aliments évoqués.

Sources des acides gras monoinsaturés

Pour 100 g de graisses de l'aliment	% d'oméga-9
Noisette	76
Huile d'olive	74
Olive	73
Amande	68
Avocat	63
Pistache	52
Huile d'arachide	49
Huile de soja	44
Huile de sésame	41

Leurs effets

Les acides gras monoinsaturés ont démontré leur rôle dans la préven-tion cardiovasculaire. Ils diminuent l'oxydation du cholestérol LDL, à l'origine de la plaque d'athérome. Ils réduisent l'agrégation plaquet-taire, facteur favorisant la formation des caillots. Une alimentation riche en acides gras monoinsaturés réduit le risque cardiovasculaire. Ce sont eux qui, entre autres, sont impliqués dans le *french paradox* déjà évoqué p. 52. Paradoxe car, dans le sud-ouest de la France, région réputée pour sa gastronomie avec ses foies gras et ses confits de canard riches en acides gras monoinsaturés, la fréquence des maladies cardio-vasculaires est bien moins importante que dans des zones du nord de la France où on mange aussi gras. La différence est due à la composi-tion de ces graisses : monoinsaturées protectrices dans le Périgord ou les Landes, saturées dans le nord ou l'est de la France.

Mais ce ne sont pas là les seuls effets des acides gras monoinsaturés. Le diabète s'améliore lorsque, dans l'alimentation, les acides gras saturés sont remplacés par des monoinsaturés[1].

---

1. G. Ricardi *et al.*, *Clinical Nutrition*, 2004.

Enfin, les acides gras monoinsaturés ont un effet anti-inflammatoire, et non des moindres, puisqu'ils interfèrent avec l'action de médiateurs inflammatoires, les leucotriènes.

Les fibres

Quelles sont-elles ?

Les fibres alimentaires se divisent en deux familles, les solubles (tels les mucilages, les pectines et les gommes) et les insolubles, (comme la cellulose, l'hémicellulose et les lignines). Les premières jouent un rôle dans le transit. Dans le côlon, elles sont attaquées par des bactéries (c'est la fermentation), ce qui déclenche la fabrication de substances améliorant les contractions de l'intestin, donc le transit. Les secondes jouent également sur le transit, mais de manière différente. Elles se gonflent d'eau, augmentent le volume du bol alimentaire et permettent un meilleur transit. C'est pourquoi il faut boire.

Où les trouve-t-on ?

Les fibres sont très largement représentées dans les fruits (agrumes...), les légumes (choux...) et les légumineuses (lentilles...). On en trouve également dans les graines, les céréales consommées au petit-déjeuner (son d'avoine), certains pains (pain aux céréales, au son...) et les oléagineux.

Les fibres solubles se situent plutôt au centre des végétaux alors que les fibres insolubles se regroupent dans leur enveloppe.

Le tableau de la page suivante vous aidera à améliorer vos apports en fibres dans la vie quotidienne.

Les aliments les plus riches en fibres

Pour 100 g	Fibres
Son de blé	40 à 45 g
Son d'avoine	17 à 25 g
Céréales complètes (All Bran™)	27 g
Pruneau dénoyauté	13 g
Pain au son	7,4 g
Fruit de la Passion	7 g
Framboise	6,5 g
Noisette	6,5 g
Coing	6,4 g
Petit pois	6 g
Chou vert	3,4 g
Haricot vert	3 g
Pomme	2,1 g
Artichaut	2 g

Apports nutritionnels conseillés en fibres

Femme adulte	25 g/jour
Homme adulte	38 g/jour

Les équivalences suivantes peuvent vous aider à mieux ajuster votre apport en fibres.

10 g de fibres équivalent environ à :

– 140 g de pain complet	– 350 g de légumes verts (soit une grosse assiette)
– 200 g de légumineuses	– 350 g de fruits (3 ou 4 fruits)
– 80 g de fruits secs	– 80 g de fruits oléagineux

Des preuves scientifiques

Nous abordons là un sujet d'actualité. L'INSERM (Institut National de la Santé Et de la Recherche Médicale) et l'INRA (Institut National de la Recherche Agronomique) ont ainsi initié, en janvier 2008, l'étude Florinflam pour mieux comprendre les effets modulateurs des fibres alimentaires sur la flore bactérienne et l'inflammation afin d'améliorer la prévention des maladies métaboliques (diabète, maladies cardiovasculaires...). En attendant les résultats de ce grand projet, on sait déjà que l'alimentation des Français est très insuffisante en fibres. Elles étaient beaucoup plus présentes dans nos assiettes il y a cinquante ans. Aujourd'hui, on mange de moins en moins de fruits et de légumes et beaucoup plus d'aliments raffinés qui ne contiennent que très peu de fibres.

Or, les fibres ont de nombreux bienfaits. Elles favorisent un transit régulier, baissent le taux de cholestérol. On les recommande aux diabétiques. On a évoqué pendant plusieurs années leur action protectrice vis-à-vis du cancer colorectal.

Une étude très intéressante de C. J. North, parue en février 2009 dans l'*European Journal of Clinical Nutrition*, reprend les résultats de sept études sur l'impact de la complémentation en fibres (entre 3,3 et 7,8 grammes par jour) sur la diminution du taux de CRP (protéine C réactive), l'un des principaux marqueurs de l'inflammation. Six d'entre elles ont effectivement confirmé la diminution de la CRP avec l'enrichissement des apports en fibres.

Le cas particulier des fructanes

Les fructanes ou fructo-oligosaccharides (FOS), des fibres dont le chef de file est l'inuline, se trouvent dans les légumes comme l'artichaut, le topinambour, la chicorée, l'asperge, les très jeunes grains d'orge, le seigle, l'oignon et le chocolat.

Ces fibres sont intéressantes, car elles permettent de diminuer l'appétit par un effet rassasiant. La fermentation intestinale des fructanes semble réguler l'action des hormones digestives responsables de la satiété. Ces faits n'ont été démontrés pour l'instant que chez le rat qui, après trois semaines d'une alimentation riche en fructanes, perd jusqu'à 30 % de sa masse graisseuse. Chez l'homme, les études ne font que débuter, mais il semble que la consommation de fructanes permette une baisse des apports alimentaires, et donc une perte de poids. Affaire à suivre donc.

Les principes actifs des herbes et les épices

Herbes et épices sont des acteurs majeurs de l'alimentation anti-inflammatoire. Elles contiennent des molécules anti-inflammatoires comme la curcumine qui compose le curcuma, cette épice jaune orangé du curry, la capsaïcine du piment de Cayenne, le gingérol du gingembre ou encore l'eugénol du clou de girofle. Pour ce qui est des herbes, D-limonène, acide ursolique et lutéoline donnent leur potentialité anti-inflammatoire au thym, au romarin, à la menthe et au basilic ; anéthol, polyacétylènes et apigénine au persil, à la coriandre, au cumin, au cerfeuil et à l'anis.

Outre ces effets anti-inflammatoires, elles rendent l'alimentation très goûteuse. Elles permettent de diminuer la quantité de sel ajouté, car elles le remplacent efficacement. Rappelons que le sel est bien trop important dans l'alimentation et que sa consommation excessive est à l'origine de l'augmentation de la pression artérielle, facteur de risque cardiovasculaire. L'AFSSA a même rendu un rapport mettant en lumière tous les risques engendrés par l'excès de sel[1].

---

1 Rapport de l'AFSSA, « Sel : évaluation et recommandations », 2002.

Il n'existe pas d'apports journaliers recommandés pour les herbes et les épices. Leur présence accroît l'effet anti-inflammatoire de l'alimentation. Aussi est-il idéal d'en consommer à chaque repas. On peut en mettre partout, sur les poissons (filet de poisson au curcuma...), les légumes (wok de légumes au gingembre...) et dans les fruits (pomme à la cannelle...).

Les probiotiques et les prébiotiques

Quels sont-ils ?

Les **probiotiques** vous évoquent probablement quelque chose. Souvenez-vous du petit produit laitier qui fait du bien à votre corps. Leurs noms complexes vous sont peut-être devenus familiers : les lactobacilles et autres bifidobactéries ont envahi les étals des supermarchés en s'exposant sur les étiquettes de certains yaourts et laits fermentés.

L'OMS décrivait en 2001 le probiotique comme un micro-organisme vivant qui, lorsqu'il est consommé en quantité adéquate, produit un bénéfice pour la santé. Il s'agit donc de microbactéries « amies » qui sont favorables à la bonne santé de la flore intestinale. Les probiotiques modifient le fonctionnement du tube digestif en améliorant la digestion et la fermentation des aliments ingérés et favorisent l'obtention d'une meilleure immunité locale. Ils digèrent les tanins, permettant aux flavonoïdes anti-inflammatoires d'être absorbés. Ils interviennent dans la fabrication de la vitamine K (elle-même anti-inflammatoire). Ils synthétisent une substance, l'acide butyrique, qui protégerait contre le cancer du côlon.

Ces bénéfices ne sont présents que si les probiotiques sont consommés régulièrement et même quotidiennement. En cas d'interruption, leurs effets s'estompent rapidement.

Les **prébiotiques** sont des fibres insolubles non digestibles. La plus connue est l'inuline qui fait partie de la famille des fructanes évoqués p. 61. Il y a aussi les galacto-oligosasaccharides.

Ils ont pour rôle de stimuler la croissance et le développement des probiotiques. Les prébiotiques ont donc un large effet bénéfique sur la flore intestinale, et sur la santé en général.

Où les trouve-t-on ?

Les probiotiques sont présents dans les produits laitiers frais fermentés, yaourts au bifidus, yaourts à boire enrichis aux lacto-bacilles... En outre, en complétant son alimentation avec des produits laitiers enrichis aux probiotiques, on améliore l'apport en calcium.

Les prébiotiques se trouvent dans les légumes (l'artichaut, le topinambour, la chicorée, l'asperge, la patate douce...) dans les céréales (le seigle en particulier). Il y en a aussi dans le pain blanc et les pâtes blanches que nous n'avons pas retenues comme aliments anti-inflammatoires, car leur index glycémique est plus élevé et qu'ils sont fabriqués avec de la farine raffinée. Là encore, tout est question de mesure.

LES BONS RÉFLEXES

Bien choisir ses aliments

Les produits que vous achetez ont subi un certain nombre de transformations entre l'aliment original et le moment où ils arrivent dans votre supermarché. Ces modifications peuvent entraîner des variations de leur composition nutritionnelle. Faisons donc un petit tour d'horizon des différentes techniques de conservation.

Les aliments surgelés ou congelés

La congélation (chute lente de la température) et la surgélation (chute rapide de la température) conservent une bonne partie de la qualité nutritionnelle des aliments. Elles préservent les vitamines, exception faite de la vitamine E et de la vitamine B6, et ne modifient pas la composition de l'aliment.

Bien sûr, si l'aliment a été cuisiné avant d'être mis au froid, il a pu perdre des nutriments.

La surgélation et la congélation gardent le goût des aliments. Surgeler ou congeler, c'est donc une bonne façon de se faciliter la vie. À condition de prendre des précautions : vérifier les dates de péremption en ne stockant pas trop longtemps les produits dans le congélateur comme l'indique le tableau suivant.

Mode et durée de conservation des aliments au congélateur[1]

Aliment	Mode de conservation	Durée
Légumes		
Aubergines	Éplucher, couper en rondelles, blanchir 3 min	12 mois
Brocolis	Laver, bien sécher	12 mois
Carottes	Éplucher, couper en bâtonnets ou en rondelles	8 mois
Choux-fleurs	Séparer en petits bouquets	6 mois
Courges	Éplucher, couper en petits morceaux	6 mois
Courgettes	Éplucher, couper en morceaux ou rondelles	3 mois
Épinards	Faire blanchir 3 min, bien égoutter en les pressant	12 mois
Haricots verts	Équeuter, laver, sécher	12 mois
Petits pois	Écosser	12 mois
Tomates en coulis	Faire blanchir, peler, mixer	12 mois

1. http://www.ocongel.net

Fruits		
Abricots	Laver, dénoyauter, couper en 2	12 mois
Cerises	Laver, équeuter, dénoyauter	12 mois
Fraises	À plat sur du papier sulfurisé	12 mois
Framboises	À plat sur du papier sulfurisé	12 mois
Kiwis	Éplucher, couper en 2	6 mois
Poires	Éplucher, couper en 2, évider	12 mois
Quetsches	Laver, dénoyauter, couper en 2	12 mois
Poissons		
Divers	Nettoyer, vider, préparer en darnes ou en filets	3-4 mois
Viandes		
Bœuf (morceaux, steaks)	Congeler à plat	8 mois
Bœuf (rôti, côtes)	Emballer dans du papier aluminium	8 mois
Bœuf (haché)	Congeler rapidement	3 mois
Agneau	Comme pour le bœuf	6 mois
Veau	Comme pour le bœuf	4 mois
Porc (morceaux, côtelettes)	Congeler à plat	6 mois
Porc (haché, farce)	Dans des barquettes	3 mois
Porc (saucisses)	Congeler à plat dans un sachet	1 mois
Poulets (cuisses)	Congeler à plat	12 mois
Poulet entier	Plumer et vider	12 mois

Les conserves

Les aliments en conserve perdent une partie de leurs nutriments, parfois jusqu'à 50 %, et surtout les vitamines. Pour éviter que cette perte ne soit plus importante, il faut conserver et consommer le jus.

Les aliments sous-vide

On les place dans des sacs ou des sachets dans lesquels on fait le vide, quand ils sont frais ou tout juste cuisinés. Cette technique a l'avantage de garder les aliments «en l'état» et de préserver leurs qualités organoleptiques.

Les aliments lyophilisés

Un aliment lyophilisé est d'abord congelé, puis passé sous-vide. Il profite donc du double bénéfice de chacune de ces techniques, autrement dit une quasi-conservation de toutes ses qualités nutritionnelles.

Les aliments déshydratés

Ce sont des aliments dont on a enlevé l'eau. Et, avec l'eau, un certain nombre de vitamines, surtout s'il s'agit d'aliments initialement très aqueux, comme les fruits et les légumes.

Les aliments conservés dans le sel

C'est une technique très ancienne. La saumure était un peu le réfrigérateur des temps anciens. Aujourd'hui, on continue à l'utiliser et elle est même très prisée dans certains pays. Si elle conserve relativement les qualités nutritionnelles des aliments, tout dépend du rinçage qui suit la salaison avant qu'on ne puisse consommer l'aliment : plus ce rinçage est prolongé, plus on perd de nutriments.

Les aliments conservés dans le sucre

Pour réaliser des fruits confits et des confitures, il faut chauffer les fruits pendant un certain temps, ce qui leur fait perdre une bonne partie de leurs nutriments. Restent quand même un peu de vitamine A, de vitamine B et quelques traces de vitamine C.

Les aliments ionisés

Cette technique utilisée pour débarrasser les aliments de parasites éventuels (bactéries, insectes...) entraîne une très grande perte de vitamines.

Les produits laitiers pasteurisés

L'alimentation anti-inflammatoire ne comporte pas vraiment de produits laitiers, si ce n'est ceux comportant des probiotiques, ces microbactéries qui améliorent la flore intestinale. Il est cependant important de connaître les différents traitements que subissent les produits laitiers.

La pasteurisation permet de faire disparaître les bactéries éventuelles par la chaleur. Mais qui dit chaleur dit aussi perte de vitamines : −10 % pour les vitamines B et −20 % pour la vitamine C.

La microfiltration

Ce procédé consiste à faire passer le lait à travers des filtres très fins qui retiennent les bactéries. Résultat : pas de chauffage, et donc un goût intact et aucune destruction des vitamines. Les qualités nutritionnelles sont conservées, tout comme le goût. Le lait microfiltré peut être conservé au réfrigérateur pendant 15 jours. Il est utilisé pour la fabrication de certains fromages AOC (camembert, livarot, époisses, maroilles...). Un regret : il est encore peu utilisé en France, même si on commence à le trouver dans les grandes surfaces (lisez bien les étiquettes !).

La stérilisation UHT des produits laitiers

Malgré la ultra-haute température (UHT), cette stérilisation conserve relativement bien les vitamines (10 % de perte pour les vitamines B et C).

L'écrémage

Écrémer, c'est supprimer toute trace de gras, y compris celle des vitamines liposolubles.

En résumé, l'idéal est de choisir un mode de conservation qui garde une composition nutritionnelle proche de celle du produit frais. Nos choix se portent sur la congélation ou la surgélation, la mise sous-vide et la lyophilisation si on souhaite conserver au mieux les vitamines. Cependant, si vous avez pour habitude de consommer des produits ayant subi une salaison, limitez la phase de rinçage pour éviter de perdre trop de nutriments. Quant aux conserves, on garde un peu plus de vitamines si l'on consomme le jus de conservation.

Le raffinage et le bio

Qu'est-ce qu'un aliment raffiné ?

Un aliment raffiné a subi des transformations afin de pouvoir être stocké longtemps tout en gardant un aspect agréable et attrayant. Ces transformations ont fortement altéré sa qualité nutritionnelle et il est très appauvri en vitamines, en oligoéléments et en fibres.

Les céréales

On raffine les céréales en enlevant les enveloppes adhérant au grain, qui perd alors sa couleur brune, et on obtient des farines blanches (pain blanc, biscottes, pâtes blanches...) ou des graines blanchies (riz blanchi...). Le raffinage augmente la densité calorique des céréales et les vide de leur contenu nutritionnel, surtout des vitamines B qui disparaissent complètement. Moins riches en fibres et en protéines, les céréales raffinées ont un index glycémique très élevé. C'est le cas du pain blanc et de certaines céréales que l'on consomme au petit-déjeuner.

Le sucre

Autre aliment pouvant être raffiné, le sucre blanc. Il est le résultat du raffinage de la betterave ou de la canne à sucre. On élimine des protéines, des vitamines et des oligoéléments pour obtenir du saccharose pur. On est loin du sucre de canne complet si riche en magnésium et en fluor (protecteur des dents !). Bien entendu, l'index glycémique du sucre blanc est élevé.

Le sel

Le sel aussi est raffiné. On obtient du sodium pur, mais il est quand même dommage de se priver de la richesse en oligoéléments du sel marin, ce sel grisâtre si riche en magnésium et en plancton. Notre préférence va à la fleur de sel de Guérande pour sa richesse en iode et son goût délicat.

Les huiles végétales

Le raffinage des huiles végétales leur fait perdre jusqu'à 20 % de leur contenu en vitamine E.

Nous vous conseillons toujours d'utiliser une huile de première pression à froid, car elle conserve tous ses acides gras essentiels et sa vitamine E. Le seul traitement qu'elle subit est un broyage progressif, puis une centrifugation et une filtration pour enlever les impuretés. Il faut ensuite la conserver dans un lieu frais, si possible à l'abri de la lumière.

Si l'huile est raffinée, elle a été chauffée au-delà de 1 000 °C, ce qui favorise la modification chimique des acides gras et l'apparition de radicaux libres.

Donc, quel que soit l'aliment raffiné, la disparition des fibres, des vitamines et des oligoéléments anti-inflammatoires associée à la production de radicaux libres donnent un produit très pro-inflammatoire.

Faut-il manger bio ?

Les aliments bio répondent à une réglementation stricte. Il est interdit d'utiliser des produits chimiques de synthèse, des organismes génétiquement modifiés (OGM) et l'utilisation d'engrais est très limitée. La culture répond aux obligations suivantes[1], dans des parcelles bien identifiées :

– alternance des cultures ;
– recyclage des matières organiques naturelles ;
– désherbage mécanique ou thermique.

Pour l'élevage, les recommandations sont les suivantes[2] :

– les animaux ne sont nourris que de produits végétaux, eux-mêmes issus de l'agriculture biologique ;
– les races sont variées et adaptées à la région d'élevage ;
– l'utilisation des traitements vétérinaires est limitée ;
– les animaux sont mieux traités que dans les élevages traditionnels.

Les produits bio sont plus chers, mais ils offrent l'assurance de consommer des aliments et des produits beaucoup moins pollués. On peut croquer une pomme bio avec sa peau. En revanche, il est déconseillé de le faire si elle n'est pas biologique, car les pesticides se situent dans la peau et jusque dans la chair qui jouxte la peau (voir aussi à « Faut-il éplucher les fruits et les légumes ? » p. 72).

---

1. Règlement (CEE) n° 2092/91 modifié du conseil du 24 juin 1991 (*JO CE* du 22 juillet 1991) et ses annexes sur le mode de production biologique de produits agricoles et sa présentation sur les produits agricoles et les denrées alimentaires.
Règlement (CE) n° 1804/1999 du conseil du 19 juillet 1999 (*JO CE* du 24 août 1999) modifiant, pour y inclure les productions animales, le règlement (CEE) n° 2092/91 concernant le mode de production biologique de produits agricoles et sa présentation sur les produits agricoles et les denrées alimentaires.
2. Arrêté français du 28 août 2000. Cahier des charges concernant le mode de production et de préparation biologique des animaux et des produits animaux définissant les modalités d'application du règlement (CEE) n° 2092/91 modifié du conseil et/ou complétant les dispositions du règlement CEE n° 2092/91 modifié du conseil.

Il est clair que l'absence de ces facteurs pro-inflammatoires dans les produits bio est un plus. Puisqu'il devient de plus en plus facile de manger bio, l'idéal est de mettre un peu de ces aliments bio dans votre assiette.

Bien préparer ses aliments

Le lavage

Il faut absolument laver tous les fruits et légumes, même ceux qui vous paraissent propres. On les passe sous l'eau courante afin d'enlever les restes de terre, les petits insectes et des restes de pesticides. Évitez de laisser vos aliments tremper trop longtemps dans l'eau, car cela entraîne une perte de vitamines et d'oligo-éléments. Il faut laver même les fruits et légumes que vous épluchez, sinon vous risquez de contaminer la chair du produit à l'épluchage.

L'été, n'oubliez pas non plus de bien rincer les baies que vous venez de cueillir (framboises, mûres, myrtilles...), car les renards ont pu les contaminer avec leur urine susceptible de vous transmettre une maladie, l'échinococose.

Faut-il éplucher les fruits et les légumes ?

La question est importante puisque beaucoup de nutriments anti-inflammatoires se trouvent dans la peau et dans la chair des fruits et des légumes. Le problème est que les pesticides se trouvent là aussi.

En prélevant des larges épluchures quand vous pelez vos fruits et légumes, vous évitez de consommer ces pesticides, qui sont des substances pro-inflammatoires, mais vous perdez jusqu'à 25% des vitamines. Pour profiter au mieux des bénéfices nutritionnels de vos aliments en croquant la peau, la solution est de les acheter bio (voir aussi «Faut-il manger bio?» p. 71). Et, si vous devez les éplucher, utilisez donc un couteau économe pour obtenir des épluchures très fines.

À savoir : la peau de certains fruits et légumes, comme le poivron et la tomate, est riche en fibres non digestibles et peut provoquer des ballonnements chez les personnes ayant un côlon sensible. Si c'est votre cas, il vaut mieux enlever la peau.

Bien cuire les aliments

C'est un point primordial. La cuisson a ses bénéfices et ses méfaits.

– La cuisson peut favoriser l'absorption intestinale de certains nutriments en améliorant leur biodisponibilité.
– Elle fait disparaître les bactéries et les parasites, selon le temps et la température de cuisson, et permet de conserver les aliments plus longtemps.
– Elle peut aussi modifier la composition des aliments et faire apparaître des substances toxiques.
– Elle a également la propriété de rendre comestibles certains aliments.

Les cuissons à privilégier

Les modes de cuisson à privilégier sont ceux qui conservent le plus possible les qualités nutritionnelles des aliments (vitamines, oligo-éléments...).

Il faut éviter l'apparition de substances qui augmenteraient l'inflammation, les AGE (*Advanced Glycation Endproducts*), résultat de la transformation chimique d'un sucre avec un acide aminé (glycation, voir p. 26).

La cuisson à la vapeur

C'est l'une de nos favorites, car elle garde le goût des aliments. Elle conserve bien les minéraux, quoiqu'on perde environ 30 à 35 % de la vitamine C. Pour limiter cette perte, diminuez le temps de cuisson ; vous aurez ainsi également le bénéfice de consommer les aliments *al dente*. On peut encore améliorer cette cuisson idéale avec des herbes et des épices anti-inflammatoires. Évitez de cuire tous les légumes ensemble, car ils ne nécessitent pas tous le même temps de cuisson : par exemple, les asperges nécessitent 10 à 12 minutes, les brocolis 15 à 20 minutes.

À savoir : certains légumes, très riches en eau, ne tolèrent pas vraiment ce type de cuisson. C'est le cas de la tomate par exemple.

Le blanchiment

Pour blanchir des légumes, on les cuit quelques minutes à la vapeur, après les avoir découpés. Cela permet d'éliminer une partie des molécules soufrées que contiennent les choux et la famille des alliacées (ail, oignon…). Ils sont ainsi plus digestes et leur goût est moins marqué, tout en conservant leur composition nutritionnelle.

La cuisson à l'étouffée

On fait cuire les légumes, lentement et à basse température, dans leur eau de constitution, ce qui permet de conserver les minéraux et une partie des vitamines. Comme pour la cuisson à la vapeur, il y a 30 % de perte de vitamine C, qu'on peut limiter en diminuant le temps de cuisson. Ce type de cuisson s'accorde aussi très bien avec des herbes et des épices.

À savoir : choisissez un faitout en acier inoxydable (l'oxydation est inflammatoire). Le couvercle doit être bien ajusté pour éviter les déperditions de chaleur.

La cuisson à l'autocuiseur

Le goût des aliments est préservé et les vitamines sont relative-ment conservées (perte d'environ 30 % comme avec les deux cuissons précédentes). Pour limiter cette déperdition, il est souhai-table de ne pas utiliser trop d'eau et d'arrêter la cuisson dès que la vapeur apparaît.

Les cuissons «oui, mais...»

La cuisson à l'eau bouillante

La cuisson à l'eau bouillante entraîne une déperdition de vitamines et de minéraux pouvant atteindre 40 %. Il ne faut donc absolument pas prolonger la cuisson au-delà du temps nécessaire.

La cuisson au wok

C'est une cuisson très intéressante, mais encore faut-il savoir l'uti-liser. On l'aime pour le goût préservé et le moelleux des aliments. Elle se marie bien avec les épices et les herbes. On apprécie aussi le fait qu'elle ne nécessite pas ou peu de matières grasses, ce qui est parfait quand on fait attention à son poids. Les vitamines sont relativement bien conservées, avec seulement 25 % de perte. Il n'y a pas de déperdition de minéraux.

Toutefois, il faut savoir doser la quantité de matières grasses : il ne faut pas que votre wok se transforme en friteuse ! Si vous respectez ce mode d'emploi, vous verrez que la cuisson au wok est un extraordinaire outil dans le cadre d'une cuisine anti-inflammatoire.

La cuisson en papillote

La cuisson en papillote a indéniablement beaucoup d'avantages. Goûteuse et légère, elle préserve les nutriments. Le problème est l'utilisation du papier aluminium qui peut contaminer les aliments lors de la cuisson, surtout si on a l'habitude de rajouter du citron, qui favorise la migration des molécules d'aluminium. Certaines études[1] semblent impliquer l'aluminium comme facteur favorisant la survenue de la maladie d'Alzheimer.

Choisissez donc de cuire vos papillotes dans du papier sulfurisé. Vous aurez tous les avantages de la papillote sans les inconvénients.

La cuisson au four
Ce type de cuisson est l'un des plus utilisés. Il convient plus particulièrement aux viandes et aux poissons. Il s'accorde bien avec l'utilisation des herbes et des épices anti-inflammatoires et il peut rester un mode de cuisson très diététique si l'on emploie peu de matières grasses.

En revanche, la chaleur entraîne une déperdition de vitamines et une chaleur importante favorise l'apparition des AGE pro-inflammatoires. Il est donc conseillé de cuire les aliments au four à basse température. Les publications ne s'accordent pas toutes sur le seuil à ne pas dépasser. Les AGE apparaissent à partir de 120 °C. L'OMS conseille, quant à elle, de ne pas dépasser 175 °C, température à laquelle l'acrylamide apparaît dans les frites (voir l'encadré page suivante).

Petits conseils pratiques :

– Optez pour la sécurité, c'est-à-dire une cuisson lente à 120 °C maximum.
– Ne salez pas les aliments avant de les mettre au four
(ce conseil est d'ailleurs valable pour les autres types de cuisson).
Le sel favorise la perte d'eau et donc celle d'un certain nombre de vitamines. De plus, le plat a souvent un goût trop salé en fin de cuisson.

---

1. R. M. Garruto et al., The Lancet, 1994. et P. B. Moore et al., Dementia and Geriatric Cognitive Disorders, 2000.

– Faites mariner les préparations avec des mélanges contenant du citron. Il semble que cette marinade permette de limiter la formation d'AGE.

– Si votre four a un thermostat à chiffres, il suffit de les multiplier par 30 pour obtenir la température de cuisson (par exemple, un thermostat 7 équivaut à une température de 210 °C).

L'étude Heatox

Les conséquences des cuissons sur la santé sont actuellement à l'étude avec un grand projet européen qui implique onze États membres de l'Union Européenne ainsi que la Norvège, la Suisse, la Turquie et le Chili. C'est le projet Heatox (*Heat Generated Food Toxicants, Identification, Characterisation and Risk Minimisation*) qui a débuté en 2003 et dont la première phase s'est terminée en 2008. Cette étude a été initiée après la découverte en 2002 d'une substance, l'acrylamide, utilisée habituellement pour la fabrication des plastiques, présente dans les frites et les chips et potentiellement cancérigène pour l'homme. Heatox permettra donc de mieux comprendre la formation d'acrylamide et ses effets sur la santé, ainsi que les différents impacts des modes de cuisson. La seconde partie de l'étude (2008-2013) est en cours pour évaluer les effets secondaires d'une cinquantaine de molécules identifiées pendant la phase 1, présentes dans l'alimentation, et apparues lors des cuissons. On analysera leur toxicité potentielle.

La cuisson aux micro-ondes

Pour la préservation des oligoéléments et d'une partie des vitamines, c'est un bon mode de cuisson. Il convient donc aux fruits et aux légumes. La température de cuisson avoisine les 100 °C. Il n'y a donc pas formation d'AGE. Cependant, si le temps de cuisson est trop long, il y aura une plus grande déperdition de vitamines et des modifications de structure au niveau des acides gras. Pour l'instant, il n'est pas possible de conclure à une éventuelle nocivité de la cuisson aux micro-ondes. Cependant, cet appareil est traditionnellement utilisé pour réchauffer, pour décongeler et non pour cuire.

Les cuissons à éviter

Les cuissons à haute température, comme la friture et la grillade, augmentent nettement la production d'AGE.

La friture

Pour frire, on plonge l'aliment dans une huile chauffée à 180 °C maximum, c'est-à-dire au-delà de la température de formation des AGE. La présence de ces AGE n'est pas le seul inconvénient de ce mode de cuisson. Lorsqu'on fait frire un aliment, on le charge en acides gras trans pro-inflammatoires. On connaît depuis longtemps les relations entre ces acides gras et les maladies cardiovasculaires. Enfin, on augmente aussi la valeur calorique de l'aliment.

La friture est donc à éviter pour toutes ces raisons.

La grillade

Une étude américaine parue en 2007 dans le *Journal of Gerontology* confirme que la cuisson au barbecue engendre des AGE qui favorisent l'inflammation et le stress oxydatif. Cette production est d'autant plus importante chez les personnes âgées qui, d'ailleurs, présentent une forte augmentation des marqueurs de l'inflammation.

**Doit-on pour autant bannir le barbecue,
l'un des grands plaisirs de l'été?**
À condition de ne pas l'utiliser régulièrement, la cuisson au barbecue est possible en prenant quelques précautions. Penser, par exemple, à faire mariner largement l'aliment avant de le cuire, à le garder à une certaine distance de la flamme qui ne doit en aucun cas le lécher. On peut aussi envisager de le cuire dans du papier sulfurisé (pour le poisson en particulier), mais en aucun cas dans du papier aluminium (voir p. 75-76).

Ne consommer que ce dont le corps a besoin

Bien que cela paraisse évident, cette règle est très difficile à appliquer pour certaines personnes. Quand on mange trop et qu'on ne bouge pas assez, le corps stocke et, via l'augmentation de la masse grasse, c'est l'engrenage de l'inflammation chronique.

Il ne s'agit pas de compter les calories (la calorie est l'unité d'énergie qui permet de quantifier ce que nous mangeons et ce que l'organisme dépense). Nulle part dans ce livre vous ne verrez affichés les apports caloriques de tel ou tel aliment. Nous ne vous proposons pas un programme de restriction. Mais manger à sa faim, reconnaître la satiété fait partie du nouvel équilibre à atteindre.

Cependant, vous pouvez vous poser, à juste titre, la question des calories quand vous faites vos courses ou simplement à titre informatif.

Lorsque les calories consommées sont égales à celles dépensées, le poids ne varie pas.

Lorsqu'il y a un excès d'apport par rapport aux dépenses, le corps stocke, la masse grasse augmente et il y a prise de poids. Une femme adulte a besoin d'environ 1 800 à 2 000 calories par jour. Un homme adulte a besoin de 2 300 à 2 500 calories, dans les conditions habituelles de vie, avec une activité physique modérée. Ces besoins augmentent si l'exercice physique est plus intense.

Consommer uniquement les calories dont le corps a besoin ne revient pas à les compter. C'est plutôt adapter sa prise alimentaire à sa faim et savoir s'arrêter de manger quand on n'a plus faim. Les aliments de notre programme anti-inflammatoire sont riches en fibres, contiennent souvent des protéines et ont un index glycémique bas, trois caractéristiques qui favorisent la satiété.

Voici quelques astuces pour favoriser la satiété :

– Prendre son temps, car manger vite, c'est souvent trop manger.
– Bien mâcher pour mieux apprécier le goût des aliments qui restent plus longtemps dans la bouche.
– Favoriser les aliments satiétogènes, riches en fibres, en protéines végétales et de poisson, avec un index glycémique bas.

Si trop manger et ne pas se dépenser assez favorise l'augmentation de la masse grasse, qui elle-même déclenche et entretient l'inflammation chronique, la restriction calorique pourrait, au contraire,
– favoriser une meilleure espérance de vie.

La population de l'île japonaise d'Okinawa, qui compte de très nombreux centenaires, en était jusqu'à il y a peu de temps un bon exemple, comme l'a écrit le Dr J.-P. Curtay[1]. Leur alimentation est pauvre en graisses saturées, mais riche en poissons et en algues, avec un apport calorique global relativement faible. Une alimentation finalement très anti-inflammatoire. L'une des explications de l'extraordinaire longévité sur l'île passe par l'inflammation. Moins de masse grasse, plus d'oméga-3, moins d'inflammation et donc moins de maladies chroniques dégéné-

---

1. Dr J.-P. Curtay, *Okinawa : un programme global pour mieux vivre*, Anne Carrière, 2006.

ratives. Il se trouve que, depuis l'apparition des fast-foods et d'une nourriture plus occidentalisée, il y a moins de centenaires sur l'île d'Okinawa...

La place des compléments alimentaires

Une complémentation réglementée

Une petite mise au point s'impose : la complémentation orale par des vitamines, des minéraux ou des plantes est désormais très réglementée. Elle a donné lieu à un décret au *Journal officiel* en mars 2006 et est surveillée de près par des instances comme le Syndicat des aliments diététiques et de l'enfance qui s'assure que les recommandations sont bien suivies. Pas de risque donc de trouver en pharmacie ou en parapharmacie des produits dépassant les normes autorisées. C'est un premier bon point.

Mais les études sont controversées. Une analyse parue dans le très sérieux *Lancet* annonçait en 2004[1] que les compléments alimentaires antioxydants n'avaient aucune action protectrice contre les cancers du système gastro-intestinal et attribuait même une augmentation de la mortalité de 6 % aux associations de bêta-carotène et de vitamine A ou de bêta-carotène et de vitamine E.

Les avis n'ont pas tardé à s'élever à la suite de cette parution dont le principal travers était quand même d'avoir utilisé des fortes doses, donc des doses médicamenteuses, et non des dosages micro-nutritionnels, correspondant aux apports journaliers recommandés comme il se doit pour des compléments alimentaires. D'ailleurs, deux ans plus tard, un travail analogue aboutissait à la conclusion contraire.

---

1. G. Bjelakovic *et al.*, *The Lancet*, 2004.

Alors, qui croire ? D'autant que les compléments alimentaires fleurissent dans les pharmacies où vitamine C, vitamine E, quercétine, bêta-carotène et autres oméga-3 sont à la portée de tous les clients qui peuvent les acheter sans demander nécessairement de conseils.

Faut-il donc utiliser des compléments alimentaires ?

Nous avons parlé de l'étude Suvimax (voir p. 46), la première étude française d'envergure sur le statut nutritionnel des Français, qui concluait à la diminution de la survenue des cancers chez l'homme si les apports en antioxydants, vitamines C, E, sélénium..., étaient suffisants. Dans la conclusion de cette étude, les auteurs encourageaient les hommes dont l'alimentation était déséquilibrée à manger des fruits et des légumes et non à prendre une complémentation orale.

Il faut surtout se rappeler qu'il faut d'abord équilibrer et varier son alimentation. Dans un tel cadre, tous les nutriments indispensables sont censés être apportés par l'alimentation.

Le danger potentiel vient d'une surconsommation de compléments alimentaires. Il faut absolument respecter les doses prescrites sur l'emballage et ne pas prendre plusieurs compléments alimentaires à la fois. Il faut aussi lire les contre-indications. Les compléments alimentaires sont déconseillés pour les patients ayant eu un cancer, car l'étude parue dans *The Lancet*, en 2004, même si elle est fondée sur l'usage de très fortes doses de vitamines et d'oligo-éléments, a semé le doute.

Restons donc logiques : les compléments sont là pour compléter une alimentation déficiente. Si c'est le cas, on peut parfaitement envisager la prise d'un seul complément alimentaire à la fois, pendant une période transitoire – un mois en moyenne, parfois un peu plus – à condition de ne pas avoir un cancer. Évitez donc de prendre en même temps une gélule pour préparer votre peau au bronzage, une autre contre la fatigue et une troisième anti-âge !

Dans ce cadre, l'alimentation anti-inflammatoire peut être associée à une complémentation orale par :

– des oméga-3, s'il n'est pas possible de les consommer en quantité suffisante sous forme alimentaire (poissons gras et huiles végétales). Il y a beaucoup de choix et beaucoup de marques. Les acides gras oméga-3 sont issus des huiles de poissons gras. Les doses proposées varient, mais elles ne sont pas au-dessus des apports journaliers recommandés. Ainsi, nous avons trouvé des compléments proposant soit du DHA, soit l'association DHA/EPA, dosés aux alentours de 1 gramme à 1,5 gramme d'oméga-3 (soit une dose inférieure aux apports journaliers recommandés) en fonction des indications (prévention cardiovasculaire, premiers signes de la dépression...) ;

– des associations d'antioxydants, vitamine C, bêta-carotène, zinc, coenzyme Q10... Le choix est encore plus impressionnant. Là, nous mettons un bémol. Ce type de complémentation orale doit être accompagné d'un suivi personnalisé. On peut les prescrire sur une période déterminée, en plus des conseils diététiques, en accompagnement d'une perte de poids, en cas de fatigue, pendant la préparation d'examens ou dans le cadre d'une prise en charge anti-âge globale (alimentation anti-inflammatoire et antioxydante, compléments alimentaires et conseil du dermatologue pour des cosmétiques étudiés pour votre peau).

Si vous présentez une contre-indication médicale concernant l'utilisation de ces produits, n'hésitez pas à en parler avec votre médecin.

Les principes du mode de vie anti-inflammatoire

L'alimentation pro-inflammatoire n'est pas le seul facteur responsable de l'inflammation chronique silencieuse. Un certain nombre de désordres survenant dans la vie quotidienne – manque de sommeil, sédentarité, stress – peuvent la déclencher et l'entretenir. C'est pourquoi il convient d'associer alimentation anti-inflammatoire et activité physique, sommeil régulier et lutte contre le stress.

Le sport

Reprenons un peu de physiologie. L'inflammation chronique et insidieuse favorise et entretient le surpoids et l'obésité. Les cellules du tissu graisseux, les adipocytes, fabriquent un médiateur inflammatoire, le TNF-alpha (*Tumor Necrosis Factor*), qui favorise l'insulino-résistance. Lors de l'exercice physique, les fibres des muscles synthétisent des médiateurs anti-inflammatoires qui inhibent l'action du TNF-alpha pro-inflammatoire. Ces médiateurs stimulent également la lipolyse, autrement dit le déstockage des graisses.

De très nombreuses études confirment l'effet anti-inflammatoire de l'exercice physique. Qu'elles soient danoise[1], allemande[2],

---

1. A. M. Petersen *et al.*, *Journal of Applied Physiology*, 2005.
2. S. Gielen *et al.*, *Journal of the American College of Cardiology*, 2003.

grecque[1] ou italienne[2], elles s'accordent pour démontrer qu'une pratique régulière limite l'action des médiateurs inflammatoires, et en particulier le TNF-alpha. De ces recherches menées chez des patients atteints de maladies chroniques, les conclusions sont unanimes : l'exercice physique pratiqué régulièrement diminue l'inflammation chronique. À ce titre, il fait partie intégrante de notre programme.

Pratiquer une activité physique est **indispensable**. Il faut bien la choisir et la pratiquer à votre rythme et à votre niveau. C'est pourquoi nous vous proposons un programme d'entraînement accessible à tous dans la deuxième partie de cet ouvrage (voir p. 146).

Le sommeil

Un article de 2005, paru dans le 15e volume de *Biological Psychiatry*, que l'on doit à une équipe de chercheurs de l'université de Californie à Los Angeles, rapporte que le manque de sommeil, même pendant une partie de la nuit, peut déclencher la cascade de réactions chimiques qui conduit à l'inflammation des tissus. Les résultats suggèrent également qu'une bonne nuit de sommeil peut diminuer le risque à la fois des maladies cardiovasculaires et des pathologies immunitaires chroniques comme la polyarthrite rhumatoïde.

Une fois de plus, c'est le TNF-alpha pro-inflammatoire qui est en cause. Les chercheurs ont noté un taux plus élevé de TNF-alpha chez les femmes de cette étude en manque de sommeil. La différence homme/femme n'a pas été expliquée.

Quoi qu'il en soit, cette étude démontre l'importance d'un sommeil de qualité. Ces résultats ont été complétés par une autre étude,

---

1. N. Kadoglou *et al.*, *European Journal of Cardiovascular Prevention and Rehabilitation*, 2007.
2. S. Balducci *et al.*, *Nutrition, Metabolism and Cardiovascular Diseases*, 2009.

réalisée en 2007[1] par des chercheurs du Colorado qui ont privé de sommeil de jeunes volontaires pendant 40 heures. Les médiateurs de l'inflammation ont bien été activés chez tous les sujets, et ce, d'après les auteurs, en réponse au stress provoqué par la privation de sommeil. Ce qui nous amène à nous interroger sur le rôle du stress dans l'inflammation chronique et silencieuse.

La lutte contre le stress

Quand l'organisme est soumis à un stress, il synthétise du cortisol en quantité importante. Nous avons déjà évoqué le rôle primordial de cette hormone (l'hormone antistress) dans le déclenchement de la cascade inflammatoire. Si le stress persiste, l'inflammation s'installe et passe au stade chronique.

Le stress a des causes multiples : le manque de sommeil, les soucis familiaux ou professionnels, la maladie, l'angoisse... ou tout simplement le mode de vie moderne qui laisse moins de temps pour s'occuper de soi et multiplie les occasions d'être soumis au stress. Le stress est la « maladie » des XXe et XXIe siècles.

Il faut bien comprendre que c'est l'exposition répétée et prolongée au stress qui est en relation avec l'inflammation chronique, donc avec les maladies dégénératives. N'avez-vous jamais entendu certaines personnes se plaindre d'une prise de poids en période de stress prolongé sans avoir modifié leur alimentation ? Ne connaissez-vous pas quelqu'un qui aurait « déclenché » un cancer après une période de stress comme la maladie d'un proche ? Ces constatations trouvent aujourd'hui une explication scientifique[2]. Le taux de cortisol s'élève lors d'un stress aigu. C'est un mécanisme de défense de l'organisme pour lutter contre l'agresseur. La synthèse

---

1. D. J. Frey *et al.*, *Brain, Behavior, and Immunity*, 2007.
2. J. P. Roy, *Medical Hypotheses*, 2004.

de cortisol provoque le déclenchement de divers processus générateurs d'énergie, car le but est d'apporter cette énergie au cerveau pour pouvoir lutter contre le stress. Parmi ces réactions, il y a l'augmentation du taux de sucre dans le sang. Le cortisol provoque la transformation des protéines des muscles en acides aminés et celle des graisses pour former du glucose, c'est-à-dire du sucre, pour que les organes vitaux (cerveau, foie) puissent les utiliser. On appelle ce procédé la néoglucogenèse. Pour que le cerveau puisse recevoir tout le glucose dont il a besoin, le cortisol provoque une résistance des cellules du tissu adipeux et des muscles à l'utilisation du sucre circulant. Ces phénomènes permettent au corps de réagir rapidement à un stress ponctuel. Mais lorsque le stress est prolongé, l'horloge se dérègle au niveau cérébral (dans la zone de l'hippocampe), entraînant une moindre résistance contre l'agression et créant un terrain propice aux maladies dégénératives et aux infections.

Lutter contre le stress est-il une priorité?

S'il paraît souvent difficile de supprimer les sources de stress, il est envisageable de se protéger contre lui. À chacun son remède, mais nous avons souhaité vous proposer nos petits trucs dans la lutte antistress. Prendre du temps pour vous occuper de vous, vous faire masser, faire du sport... À vous de choisir la méthode qui vous convient et vous fait du bien.

Agir

Votre bilan personnel

Quizz

Voici un petit questionnaire en vingt-six points qui vous en apprendra peut-être beaucoup sur vous-même et vous permettra ainsi de mieux vous préparer à modifier vos habitudes alimentaires et votre mode de vie. C'est en effet la condition pour acquérir une alimentation anti-inflammatoire.

Ce test a pour objectif :
– d'analyser vos habitudes alimentaires actuelles ;
– d'évaluer si votre alimentation d'aujourd'hui est plutôt pro- ou anti-inflammatoire ;
– de découvrir votre profil « inflammatoire ».

Quel mangeur êtes-vous ?

1- Il vous arrive de sauter un repas.	oui	non
2- Vous grignotez entre les repas.	oui	non
3- Vous mangez la nuit.	oui	non
4- Vous avalez vos repas rapidement.	oui	non
5- Vous avez besoin de manger en grande quantité.	oui	non
6- Vous vous resservez plusieurs fois.	oui	non
7- Vous vous mettez à table uniquement parce que c'est l'heure.	oui	non
8- Vous êtes incapable de vous arrêter de manger même quand vous n'avez plus faim.	oui	non

Les aliments et vous

9- Vous cuisinez au moins une fois par jour.	oui	non
10- Vous ne vous nourrissez que de plats tout prêts.	oui	non
11- Vous savez décoder une étiquette nutritionnelle.	oui	non
12- Vous salez beaucoup vos aliments.	oui	non
13- Vous ne cuisinez qu'au beurre.	oui	non
14- Vous vous intéressez au bio.	oui	non
15- Vous mangez des légumes à chaque repas.	oui	non
16- Vous consommez au moins deux fruits par jour.	oui	non
17- Vous adorez la friture.	oui	non
18- Vous finissez obligatoirement ou très souvent par une crème dessert ou un dessert industriel.	oui	non
19- Vous buvez au moins deux verres d'alcool par jour.	oui	non

Êtes-vous «inflammé»?

20- Vous présentez au moins l'une de ces pathologies : maladie cardiovasculaire, diabète, cancer, maladie d'Alzheimer, maladie de Parkinson, maladie auto-immune.	oui	non
21- Vous êtes en surpoids.	oui	non
22- Vous êtes souvent très fatigué ou vous avez fréquemment des douleurs diverses.	oui	non
23- Vous faites plus âgé que votre âge.	oui	non
24- Vous ne pratiquez pas de sport et vous marchez moins de 30 à 45 minutes par jour.	oui	non
25- Vous considérez que vous êtes stressé.	oui	non
26- Vous dormez moins de 6 heures par nuit, vous avez souvent des insomnies ou vous vous réveillez systématiquement la nuit et avez des difficultés à vous rendormir.	oui	non

Analyse de votre bilan

Nous allons d'abord étudier votre profil de mangeur. Il est important de bien comprendre vos habitudes alimentaires. Rythme des repas, grignotage, appétit, sensation de satiété... tous ces éléments sont importants à évoquer pour retrouver une régularité alimentaire, premier pas vers l'alimentation anti-inflammatoire.

Questions 1 à 8 : votre profil de mangeur

Vous avez une majorité de « oui ».
Vous n'êtes pas vraiment ce qu'on appelle un « mangeur équilibré ». La régularité alimentaire, le fait de manger lentement ne font pas partie de vos priorités. Pourtant, prendre son temps à table et savoir s'arrêter quand le corps envoie les signaux de la satiété sont de nouvelles habitudes que vous allez progressivement intégrer. Vous en tirerez de nombreux bénéfices :

– une meilleure appréciation du goût des aliments, car vous prendrez plus de temps pour les déguster ;
– une meilleure digestion, car manger trop et trop vite favorise les ballonnements et les douleurs abdominales ;
– une plus grande facilité à garder ou à retrouver votre poids idéal, car vous mangerez à votre faim, sans excès.

Vous avez une majorité de « non ».
Faim et satiété sont deux mots qui signifient quelque chose pour vous. Vous savez écouter votre corps la plupart du temps. Vos repas sont plutôt réguliers. Voilà quelques qualités qui s'accordent parfaitement avec le mode de vie anti-inflammatoire.

Les réponses aux questions 1 à 8, formulées à la page suivante, vous donnent encore plus de précisions sur votre profil de mangeur.

Question 1 – Il vous arrive de sauter un repas.

Vous avez répondu « non » à cette question : c'est une bonne façon de favoriser l'impression de satiété. Sauter un repas n'a jamais fait maigrir personne. Au contraire, votre corps « se venge » et vous avez plus souvent des fringales. On note cependant une exception pour les personnes qui ne prennent pas de petit-déjeuner. Pendant de nombreuses années, les nutritionnistes ont conseillé de consommer au moins 25 % des calories totales de la journée au petit-déjeuner. Or, il est apparu que forcer quelqu'un qui ne petit-déjeune pas à le faire risque plutôt de gonfler l'addition calorique totale.

Vous avez répondu « oui » à cette question : il y a beaucoup de raisons pour sauter un repas, que ce soit le manque de temps, l'absence d'un lieu agréable pour déjeuner... Pourtant, il serait tellement préférable de vous organiser pour prendre ce repas. Vous serez moins fatigué, plus dynamique et surtout vous éviterez de vous « jeter » sur le repas suivant.

Question 2 – Vous grignotez entre les repas.

Si vous avez répondu « non » à cette question : c'est un très bon point. Le grignotage donne souvent lieu à la consommation d'aliments raffinés, gras et sucrés, c'est-à-dire l'inverse d'une alimentation anti-inflammatoire.

Si vous avez répondu « oui » à cette question, l'alimentation anti-inflammatoire va vous aider à supprimer le grignotage. Pourquoi ? D'abord parce que les aliments proposés ont des index glycémiques peu élevés et sont riches en fibres. Ils sont plus rassasiants, car ils permettent de maintenir un taux de sucre plus stable entre les repas : beaucoup moins d'hypoglycémies, donc moins de fringales. Ensuite, parce que les fruits sont bien représentés et qu'ils peuvent être consommés en collation si vous avez un petit creux. Enfin, parce qu'il n'est pas question de restriction dans ce programme ; le fait de manger à sa faim diminue l'envie de manger entre les repas.

Question 3 – Vous mangez la nuit.

Si vous avez répondu «non» à cette question, ne vous inquiétez pas et poursuivez le questionnaire.

Si vous avez répondu «oui», vous n'êtes pas dans le simple cadre du grignotage. Cela s'appelle le *Night Eating Syndrome*. Il peut être la cause d'une prise de poids extrêmement importante. C'est un véritable trouble du comportement alimentaire qui peut durer pendant des années et doit être diagnostiqué. Parlez-en avec votre médecin, car une prise en charge s'impose.

Question 4 – Vous avalez vos repas rapidement.

Si vous avez répondu «non» à cette question, c'est un bon point. En prenant le temps de manger, vous ressentez mieux la satiété. Vous laissez à votre corps le temps de fabriquer les hormones de la satiété, celles qui vous donnent le signal d'arrêter de manger.

Si vous avez répondu «oui» à cette question, sachez que vous ne laissez pas à votre corps le temps de vous dire que vous n'avez plus faim. Manger rapidement ne favorise pas la sensation de satiété. Prenez donc le temps de mâcher et d'apprécier le goût des aliments. Les herbes et les épices, outre leur pouvoir anti-inflammatoire, apportent couleurs et saveurs aux plats. Autorisez-vous au moins 15 à 20 minutes pour chaque repas. Vous aurez beaucoup plus de facilité à gérer votre appétit dans la journée et à digérer.

Questions 5 et 6 – Vous avez besoin de manger en grande quantité et/ou vous vous resservez plusieurs fois.

Si vous avez répondu «non», vous comprenez bien les signaux que vous envoie votre estomac. Peut-être aussi avez-vous un «petit» appétit? En tout cas, l'hyperphagie (trouble alimentaire conduisant les personnes à consommer des aliments en très grande quantité) ne vous guette pas.

Si vous avez répondu «oui» à ces questions, ce n'est pas nécessairement un problème. Avec le temps, l'estomac «s'apprivoise».

Commencez par prendre votre temps en savourant vos plats et vous verrez que progressivement vous aurez envie de moins consommer. Demandez-vous toujours avant de vous resservir si vous avez vraiment faim ou si vous êtes simplement tenté. Si vous avez faim, resservez-vous en aliments moins caloriques (légumes, viandes maigres ou poissons). Ne vous précipitez ni sur le pain ni sur les féculents et encore moins sur le fromage ou les desserts sucrés.

Question 7 – Vous vous mettez à table uniquement parce c'est l'heure.

Si vous avez répondu «non» à cette question, ce n'est pas votre montre qui guide votre prise alimentaire, mais votre faim. Attention cependant à ne pas sauter de repas. C'est bien d'écouter son corps, mais il ne faut pas tomber dans l'excès inverse.

Si vous avez répondu «oui» à cette question, vous vous mettez à table parce que cela rythme votre journée. Mais pensez à écouter votre appétit. Certes, sauter un repas n'a aucun intérêt, mais ne vous forcez pas à manger. Adaptez votre prise alimentaire à l'envie du jour. Parfois, une salade et un fruit vous suffisent. Certains jours, vous aurez vraiment l'impression d'avoir faim. Dans ce cas, choisissez des aliments qui favorisent la satiété (fibres, protéines) et prenez votre temps pour manger.

Question 8 – Vous êtes incapable de vous arrêter de manger même quand vous n'avez plus faim.

Si vous avez répondu «non» à cette question, vous savez bien gérer votre prise alimentaire. Pour un nutritionniste, c'est l'une des choses les plus délicates à faire ressentir à son patient : s'arrêter quand on n'a plus faim alors qu'il y a souvent sur la table de si bonnes choses et que les repas parfois s'éternisent.

Si vous avez répondu «oui» à cette question : il faut que vous appreniez à reconnaître la sensation de faim, même si ce n'est pas évident dans une société où tout est à disposition.

Questions 9 à 19 : votre rapport à l'alimentation

Question 9 – Vous cuisinez au moins une fois par jour.

Si vous avez répondu «oui», il vous sera facile de vous adapter à vos nouvelles habitudes alimentaires. Les recettes proposées dans ce livre sont simples, goûteuses et rapides. En plus, elles seront appréciées par toute la famille.

Si vous avez répondu «non», cela ne vous empêche pas de suivre le programme, d'autant que nous vous avons concocté une semaine anti-inflammatoire «détox vitalité» pendant laquelle vous pouvez déjeuner à l'extérieur tous les jours. Cependant, vous devez devenir un consommateur averti en apprenant à lire les étiquettes nutritionnelles quand vous achetez des plats tout prêts.

Questions 10 et 11 – Vous ne vous nourrissez que de plats tout prêts, mais savez-vous décoder une étiquette nutritionnelle?

L'étiquetage nutritionnel vous indique l'apport en calories pour 100 grammes de produit, ainsi que la composition en protéines, glucides (sucres) et lipides (graisses). Il peut aussi vous donner des indications sur l'apport en vitamines, en oligoéléments et en sodium (le sel).

Un plat est considéré comme peu gras si l'apport en lipides est inférieur à 6 grammes pour 100 grammes de produit. Si votre plat contient de la viande, du poisson, des fruits de mer, l'apport en protéines doit être au moins deux fois celui des graisses. Par exemple, un plat à base de poulet contenant 6 grammes de lipides doit avoir au moins 12 grammes de protéines.

Prenez le temps de lire la liste des ingrédients. Vérifiez la présence éventuelle de graisses partiellement hydrogénées de façon à les éviter.

Question 12 – Vous salez beaucoup vos aliments.

L'alimentation des Français est aujourd'hui trop riche en sel. C'est pourquoi il faut essayer de l'utiliser avec parcimonie. Une consommation excessive de sel favorise à terme la survenue de l'hypertension artérielle. Prenez toujours l'habitude de goûter les aliments avant de les saler. Si vous êtes vraiment «accro» au sel, optez pour les épices. Dans un moulin à poivre, placez des graines de cumin et/ou des graines de lin, broyez-les, puis saupoudrez-les sur vos plats au moment de les servir. Vous découvrirez de nouvelles saveurs.

Question 13 – Vous ne cuisinez qu'au beurre.

Si c'est le cas, vous faites comme beaucoup de Français, surtout dans le nord et l'est de la France. Le beurre est un bon aliment. Il est riche en acides gras essentiels et en vitamine E. Il faut cependant se méfier de l'apparition d'une substance de couleur noirâtre à la cuisson, l'acroléine, que l'on soupçonne d'être pro-cancérigène. L'idéal, cependant, est d'utiliser de l'huile d'olive dont on a souligné les vertus anti-inflammatoires.

Question 14 – Vous vous intéressez au bio.

Si c'est le cas, cela signifie que vous vous êtes déjà intéressé à ce qui peut faire du bien à votre corps. Manger bio est tout à fait dans la ligne anti-inflammatoire. Cependant, ce n'est pas une obligation. Prenez le temps de découvrir cette nouvelle façon de se nourrir. Les produits bio sont faciles à trouver. Ils existent partout, dans les magasins diététiques bien sûr, sur les marchés et même dans votre supermarché. Ne vous arrêtez pas à l'aspect des fruits et des légumes, plus « rustiques » que les aliments classiques. C'est parce qu'ils ont subi moins de transformations et de traitements qu'ils ont gardé beaucoup de leurs bénéfices nutritionnels (voir p. 69).

Question 15 – Vous mangez des légumes à chaque repas.

Vous savez déjà que si vous avez répondu par l'affirmative à cette question, vous faites le bon choix. Les phytonutriments et les fibres des légumes sont absolument à privilégier et doivent être présents à tous les repas. C'est d'ailleurs ce que conseille le Programme

National Nutrition Santé (PNNS) en proposant de consommer cinq portions de fruits et légumes par jour.

Question 16 – Vous consommez au moins deux fruits par jour.

Il faut en consommer au moins un ; deux dans l'idéal pour la même raison que pour les légumes. Les fruits aussi sont essentiels à l'équilibre et à la prévention des maladies dégénératives. Ils regorgent d'antioxydants, de phytonutriments et de fibres anti-inflammatoires.

Question 17 – Vous adorez la friture.

Si c'est votre cas, attention ! La friture, vous l'avez compris, est pro-inflammatoire. Réservez-la à des occasions spécifiques, mais ne la faites pas figurer quotidiennement à votre menu. Favorisez les modes de cuisson anti-inflammatoires en vous reportant à la partie « Les bons réflexes », p. 64.

Question 18 – Vous finissez obligatoirement ou très souvent par une crème dessert ou un dessert industriel.

Si c'est votre cas, sachez que ces aliments sont riches en sucres et en graisses. Leur valeur énergétique est élevée. Leur index glycémique également. Parfois, ils contiennent des huiles partiellement hydrogénées. C'est également le cas des gâteaux industriels. Voilà un cocktail très inflammatoire ! Alors, soyez vigilant sur cette consommation et préférez-leur plutôt un fruit.

Question 19 – Vous buvez au moins deux verres d'alcool par jour.

Certains alcools, les vins rouges en particulier, contiennent des tanins anti-inflammatoires. Cependant, en dépassant un verre par jour, vous risquez plus d'effets délétères que bénéfiques. D'abord, l'alcool est calorique. Par exemple, un kir contient l'équivalent en calories de 8 morceaux de sucre. Une consommation régulière et trop importante finit par endommager le foie de manière irréversible et favorise l'émergence de certains cancers. Alors, là encore, tout est dans la modération.

Questions 20 à 26 :
présentez-vous une inflammation chronique ?

Comme cette inflammation est silencieuse, il vous est difficile de le savoir.

Une seule réponse « oui » aux questions 20 à 26 indique une inflammation chronique. Et plus vous avez de réponses affirmatives, plus vous présentez le risque d'être « inflammé ». Si c'est le cas, l'alimentation anti-inflammatoire est essentielle pour retrouver votre équilibre et réduire vos risques de santé.

Question 20 – Vous présentez au moins l'une de ces pathologies : maladie cardiovasculaire, diabète, cancer, maladie d'Alzheimer, maladie de Parkinson, maladie auto-immune.

Ces maladies sont en relation avec l'inflammation chronique silencieuse. Elles en sont l'expression visible. Ces pathologies nécessitent une prise en charge médicale. Changer votre mode de vie est primordial, tant sur le plan alimentaire que dans vos habitudes de vie (activité physique, sommeil, etc.).

Question 21 – Vous êtes en surpoids.

Pour pouvoir répondre à cette question, il faut que vous calculiez votre indice de masse corporelle : poids (en kilos) / taille^2 (en m^2). Si vous pesez 72 kilos et mesurez 1,68 mètre, votre indice de masse corporelle se calcule ainsi : $72/1,68^2 = 25,4$. Dans ce cas, vous êtes effectivement en surpoids. Selon les normes internationales de l'Organisation Mondiale de la Santé, l'indice de masse corporelle doit se situer entre 19 et 25. Le surpoids et l'obésité sont clairement liés à l'inflammation chronique silencieuse.

Si vous avez répondu « oui » à cette question, vous pouvez suivre notre semaine détox minceur anti-inflammatoire (voir p. 126). Si votre surpoids est accompagné d'autres facteurs de risque, tels qu'une hypertension artérielle, un diabète, une maladie cardiovasculaire, une anomalie des lipides (taux de cholestérol et/ou de triglycérides élevés) ou si votre indice de masse corporelle est supérieur à 30, nous vous conseillons vivement de consulter votre médecin traitant.

Question 22 – Vous êtes souvent très fatigué ou vous avez fréquemment des douleurs diverses.

Si vous avez répondu «oui» à cette question, il est possible que vous ayez une inflammation chronique. Le diagnostic n'est pas évident cependant et doit conduire à la recherche d'autres causes ayant pu conduire à cette fatigue et/ou à ces douleurs. C'est auprès de votre médecin que vous trouverez la solution. Il demandera si nécessaire des examens complémentaires, comme le taux de CRP (*C-reactiv protein*, la protéine C réactive) qui, s'il est élevé, confirmera la présence d'une inflammation. Quant aux douleurs, si elles sont chroniques et articulaires et que tous les autres diagnostics rhumatologiques ont été éliminés, c'est que vous souffrez probablement d'arthrose, une inflammation chronique «bruyante». L'alimentation anti-inflammatoire ne peut que vous être bénéfique.

Question 23 – Vous faites plus âgé que votre âge.

Si votre réponse est affirmative, c'est que peut-être vous vous êtes trop exposé au soleil ou que vous fumez. Les causes du vieillissement cutané sont multiples, génétiques et environnementales. Les traits tirés, fatigués, le teint terne, les rides, l'affaissement des parties molles du visage sont autant de signes de l'âge. Et il n'est vraiment pas nécessaire d'accélérer le processus ! Alors, prenez dès maintenant de bonnes habitudes anti-inflammatoires et supprimez les facteurs toxiques qui pérennisent l'inflammation. Ce peut être le bon moment pour arrêter de fumer ou pour passer moins d'heures au soleil. Désormais, la protection solaire doit devenir votre meilleure alliée.

Question 24 – Vous ne pratiquez pas de sport et vous marchez moins de 30 à 45 minutes par jour.

Marcher moins de 30 à 45 minutes par jour et ne pas pratiquer d'activité physique fait de vous une personne sédentaire. Pourtant, le sport a véritablement un impact anti-inflammatoire avec, à la clé, de nombreux bénéfices pour la santé. Une meilleure prévention cardiovasculaire, une amélioration de vos taux de glycémie (sucre dans le sang) et de lipides (cholestérol et triglycérides) si ceux-ci sont élevés... sans parler de la synthèse des endorphines qui vont améliorer votre humeur. Il n'est pas question de vous transformer en marathonien (quoique pourquoi pas ?). Il faut juste vous motiver et surtout vous organiser, trouver un peu de place dans votre emploi du temps pour marcher tout simplement. La marche est la plus simple et la plus naturelle des activités physiques. Le PNNS conseille 30 minutes de marche par jour. En complément, montez les escaliers, descendez une station plus tôt de vos transports en commun ou garez votre voiture un peu plus loin. Et profitez de notre programme d'activité physique anti-inflammatoire (voir p. 146).

Attention cependant, si vous avez des problèmes de santé, demandez l'accord à votre médecin avant de reprendre une activité physique soutenue.

Question 25 – Vous considérez que vous êtes stressé.

Le stress fait partie de la vie. Il est même un moteur pour beaucoup de personnes. Alors, à partir de quel moment devient-il « pathologique » ? Ce n'est pas évident à évaluer. Les grands stress (deuil, divorce, perte d'emploi...) entraînent sans aucun doute un risque d'inflammation chronique silencieuse. Il faut donc, autant que possible, apprendre à se protéger. Nous vous parlerons de massages, de relaxation. Mais, le stress est parfois si intense qu'il ne faut pas hésiter à chercher de l'aide auprès d'un professionnel de santé, médecin traitant, psychiatre ou psychologue. En effet, mieux vaut évacuer ce stress plutôt que de favoriser, à terme, des problèmes de santé.

Question 26 – Vous dormez moins de 6 heures par nuit, vous avez souvent des insomnies ou vous vous réveillez systématiquement la nuit et avez des difficultés à vous rendormir.

Si vous avez répondu « oui » à cette question, vous savez désormais que le manque de sommeil peut être lié à l'inflammation chronique silencieuse. L'insomnie peut aussi avoir des causes multiples et il serait intéressant de comprendre pourquoi vous dormez mal. Apnée du sommeil, dépression, adénome prostatique... parlez-en avec votre médecin.

Vous en savez désormais un peu plus sur vous-même. Pour compléter encore et mieux cerner les changements à effectuer, pourquoi ne pas vous prêter au jeu du carnet alimentaire ?

Le carnet alimentaire

Le carnet alimentaire est un outil. Il vous permet déjà de constater si vous avez tendance ou non à grignoter entre le repas, si vous avez besoin de manger en grande quantité. Vous pouvez également visualiser la quantité d'alcool, les graisses et les sucres que vous consommez. Inscrivez tout ce que vous mangez et buvez pendant trois jours (voir p. 108). Pour vous y aider, voici deux exemples.

Deux exemples à ne pas suivre

Exemple 1

Petit-déjeuner	– 1 croissant – 1 café crème
Déjeuner	– Pâté tartiné sur un quart de baguette – 1 entrecôte, sauce béarnaise – Frites – 1 millefeuille – 3 verres de vin

Apéritif	– 1 whisky – Cacahuètes et pistaches

Dîner	– Épaule d'agneau – Gratin dauphinois – 3 tranches de pain (baguette) – 2 morceaux de fromage – 1 crème dessert industrielle – 2 verres de vin

Post-dîner	– 2 barres de chocolat au lait

Objectivement, cette personne mange :

– trop de graisses : viennoiserie le matin, viande grasse et frites, millefeuille, crème dessert et chocolat au lait constituent un apport en graisses largement supérieur aux recommandations (30 à 35 % de l'apport calorique total sous forme de lipides). De plus, ce sont plutôt des graisses saturées et des acides gras trans, directement en relation avec l'inflammation chronique silencieuse ;

– trop de sucres : millefeuille, crème dessert et chocolat et beaucoup de pain blanc (baguette) dont l'index glycémique est élevé ;

– trop d'alcool : 5 verres de vin et 1 whisky, ce qui dépasse largement le seuil de 1 verre par jour ;

– pas du tout de fruits et légumes ;

– ni épices ni herbes ;

– pas de poisson.

Ce type d'alimentation est pourtant assez classique, surtout si l'on déjeune au restaurant. C'est une alimentation très pro-inflammatoire.

Voilà ce qu'on pourrait plutôt lui recommander :

Petit-déjeuner
- 3 tranches de pain aux céréales
- Beurre en quantité raisonnable (10 à 20 g)
- 1 thé vert

Déjeuner
- 1 assiette de crudités à l'huile d'olive
- 1 saumon à l'unilatérale
- 1 assiette mi-lentilles, mi-épinards
- 1 fruit

Apéritif
- 1 verre de vin rouge
- 5 à 10 olives vertes ou noires

Dîner
- 1 bol de soupe
- 1 morceau de poulet au four, sans la peau
- 1 assiette de pâtes complètes
- Salade verte
- 1 laitage au bifidus
- 1 fruit

Post-dîner
- 2 carrés de chocolat noir

Exemple 2

Petit-déjeuner

– 2 tranches de quatre-quarts industriel
– 1 bol de chocolat au lait entier avec 2 morceaux
  de sucre

Déjeuner

– 1 sandwich aux crudités
– 1 éclair au chocolat
– 1 soda *light*

Après-midi

– Petits gâteaux industriels

Dîner

– 1 part de quiche lorraine
– 1 salade toute prête : céleri rémoulade
– 2 tranches de pain de mie
– 1 crème de marron industrielle
– 1 verre de vin

Post-dîner

– 1 barre de chocolat blanc

Analyse de ce carnet alimentaire :
– trop de graisses : beaucoup de gâteaux industriels (quatre-quarts, petits gâteaux), lait entier, mayonnaise du sandwich et du céleri rémoulade, quiche lorraine, éclair au chocolat, crème de marron, chocolat blanc ;

– trop de sucres à index glycémique élevé : pain blanc, gâteaux, crème de marron, éclair au chocolat, chocolat blanc (ce n'est pas le soda *light* qui va rétablir l'équilibre !) ;

– pas assez de fruits et de légumes (le céleri rémoulade n'est pas considéré comme une salade) ;

– ni épices ni herbes.

Voici ce qu'on pourrait lui proposer :

Petit-déjeuner	– 1 bol de muesli, sans sucre ajouté – 1 yaourt au bifidus – 1 bol de fruits rouges – 1 thé vert en vrac
Déjeuner	– 1 portion de salade de pâtes, avec des crudités et du poulet, vinaigrette à l'huile de colza – 1 fruit – Eau
Après-midi	– 1 pomme – 2 carrés de chocolat noir
Dîner	– 1 filet de poisson blanc en papillote aux herbes de Provence – 1 salade verte, vinaigrette à l'huile d'olive et vinaigre balsamique – 1 bol de riz complet – 1 yaourt nature au bifidus – 1 verre de vin
Post-dîner	– 1 fruit

Votre carnet alimentaire personnel

Expérimentez vous-même le carnet alimentaire. C'est un bon début avant d'attaquer la première phase du programme détox.

	Jour 1	Jour 2	Jour 3
Petit-déjeuner	....	....	....
Collation	....	....	....
Déjeuner	....	....	....
Collation de l'après-midi	....	....	....
Apéritif	....	....	....
Dîner	....	....	....
Post-dîner	....	....	....

La phase d'attaque : détoxifier

La détoxification est pratiquée dans la médecine ayurvédique depuis des centaines d'années. Des périodes de jeûne, plus ou moins longues, rythment le calendrier des religions. Le jeûne est ancestral, comme le besoin de se purifier, de débarrasser son corps des toxines. Il est encore loin cependant de faire partie de la pratique classique de la médecine occidentale. Car tout dépend ce qu'on nomme détoxification.

Le jeûne – c'est-à-dire l'exclusion complète de toutes nourritures et boissons – prolongé sur plusieurs semaines conduit au décès. On peut tenir beaucoup plus longtemps sans manger si l'on boit. C'est le cas des grèves de la faim. Les périodes de jeûne dans les religions ne sont jamais complètes. Soit on autorise l'alimentation tôt le matin et tard le soir, soit on jeûne pendant 24 heures maximum, soit la période est plus longue, mais elle est ponctuée de repas frugaux. Il n'y a rien en cela qui mette la santé en danger.

On parle beaucoup de détox ces derniers temps : du jeûne pur et simple (fortement déconseillé sur une longue durée par les professionnels de santé !) à la monodiète (où l'on ne consomme qu'un seul aliment, de l'ananas par exemple), en passant par une alimentation exclusivement composée de fruits et de légumes, sans aucune protéine animale (viande ou poisson) ni aucune matière grasse. Difficile donc de s'y retrouver et surtout de faire la part entre ce qui est vérifié ou non scientifiquement.

Les bénéfices de la détoxification

«Éliminer les toxines», telle est la définition de la détoxification. En termes médicaux, cela signifie faciliter la digestion, soulager le travail d'élimination du foie et des reins. Cela signifie aussi qu'il faut éviter les aliments entraînant une formation importante de toxines et favoriser ceux qui luttent contre les radicaux libres pour protéger les cellules.

Une phase de rupture et de transition

Nous avons emprunté la notion de détox aux médecines ancestrales. Notre détox est en fait une phase de rupture avec l'alimentation habituelle, en aucun cas une détox de privation. C'est une transition vers un nouveau mode de vie. Une façon aussi d'éloigner les mauvaises habitudes, la dépendance au sucre, la consommation excessive d'alcool ou le grignotage. Bien entendu, si vous présentez une réelle dépendance (à l'alcool par exemple, ou si vous avez un trouble du comportement alimentaire), ce n'est pas une semaine de détox qui réglera le problème. Dans ce cas, une consultation chez votre médecin traitant est indispensable.

Nous souhaitons que cette détox soit pour vous le début d'une nouvelle étape. Si vous êtes «accro» au sucre, les choix alimentaires fondés sur un faible index glycémique diminueront vos fringales. Si vous grignotez entre les repas ou le soir, cette semaine de plats riches en fibres, en protéines végétales et en poisson améliorera votre sensation de satiété.

Trois semaines types au choix

Nous avons établi une semaine de menus détox déclinée en trois versions pour vous guider au mieux dans la modification de vos habitudes alimentaires. Nous vous proposons une entrée, un plat et un dessert à chaque déjeuner et à chaque dîner. Vous n'êtes absolument pas obligé de tout manger à chaque repas. L'important est d'écouter votre appétit et de (re)trouver la sensation de satiété. Si ces choix alimentaires ne vous conviennent pas, nous indiquons une alternative.

Pourquoi trois versions ? Pour que vous puissiez trouver la vôtre, en fonction de votre mode de vie, de vos goûts et de vos envies.

La semaine détox vitalité à la maison ou au bureau

Il y a deux possibilités pour la semaine détox vitalité : la première s'adresse à celles et ceux qui aiment cuisiner et ont la possibilité de prendre leurs repas chez eux ; la seconde pour les personnes qui ne déjeunent pas à la maison et ont besoin d'«exporter» leur programme anti-inflammatoire au bureau.

Pour ces deux versions, le déjeuner et le dîner sont inter-changeables.

La semaine détox minceur

Ce programme s'adresse à celles et ceux qui souhaitent perdre du poids. Vous devez respecter le programme tel qu'il vous est proposé, si vous désirez une perte de poids moyenne d'un kilo par semaine.

Un programme facile à suivre

Vous allez rompre avec vos habitudes alimentaires. Nouveaux goûts, nouveaux choix d'aliments, nouvelle cuisine avec, à la clé, le sentiment de faire du bien à votre corps.
– Vous êtes guidés, jour après jour, pour chaque repas. Il n'y a pas d'improvisation. C'est une vraie prise en charge.
– Les aliments anti-inflammatoires sont «mis en scène»
pour vous proposer des repas savoureux, avec des recettes faciles et rapides à préparer si vous avez envie de cuisiner.

– Des choix vous sont proposés si vous souhaitez prendre vos repas à l'extérieur (cantine, lunch box, restaurant).

– Des petites astuces complètent les menus pour vous faciliter la vie.

– Un encadré vous rappelle, pour chaque journée, tous les bénéfices nutritionnels de cette nouvelle alimentation.

La semaine détox vitalité à la maison

Les menus

Lundi

Petit-déjeuner	– 1 tasse de thé vert gunpowder en vrac – 1 bol de muesli, sans sucre ajouté, avec du lait de soja – 1 yaourt nature au bifidus – 1 assiette à dessert de fruits rouges au choix en fonction des saisons (fraises, framboises, myrtilles, mûres, cerises, groseilles, airelles...)

▓ Choisissez du thé avec des feuilles en vrac et non des sachets qui ne contiennent que des débris de feuilles. Votre thé n'en sera que plus parfumé et le passage dans l'infusion de ses substances antioxydantes et anti-inflammatoires sera d'autant plus important.

▓ En hiver, il n'est pas évident de trouver des fruits rouges qui sont, en outre, à cette saison, beaucoup plus coûteux. Vous pouvez utiliser des fruits rouges surgelés qui gardent leurs qualités nutritionnelles ou, tout simplement, choisir de suivre le rythme des saisons et ne les consommer qu'au printemps et en été.

▓ **Astuce :** si vous avez l'habitude de sucrer votre laitage, mélangez-le plutôt avec des fruits rouges.

Pourquoi ce petit-déjeuner est-il anti-inflammatoire ? Grâce aux phyto-nutriments (polyphénols du thé vert, flavonoïdes des fruits rouges), aux fibres (muesli, fruits) et aux probiotiques (laitage). Les aliments à base de glucides (sucres) ont des index glycémiques modérés (muesli, fruits).

Déjeuner

– 1 petite assiette de carpaccio de dorade (recette p. 233)
– 1 assiette de crevettes sautées au butternut (recette p. 235)
– 1 à 2 tranches de pain aux graines de lin (recette p. 251)
– 1 pomme bio cuite au four et parfumée à la cannelle

Information nutrition : les crevettes sont pratiquement aussi riches en oméga-3 que les poissons gras. Quant au butternut (ou courge cacahuète), que l'on trouve désormais facilement dans les supermarchés, c'est une excellente source d'antioxydants et de phytonutriments anti-inflammatoires.

Les petit plus : les graines de lin ne donnent le meilleur d'elles-mêmes, c'est-à-dire leurs oméga-3, qu'une fois moulues. C'est pourquoi nous vous proposons de suivre la recette du pain aux graines de lin fait maison dans lequel les graines ont été moulues juste avant d'être incorporées dans la pâte.

Faites cuire de préférence votre pomme à une température basse (120 °C) afin de préserver ses effets anti-inflammatoires.

Collation (facultative)

– 1 tasse de séréni-thé (recette p. 261)
– 4 ou 5 amandes

Dîner

– 1 bol de soupe verte d'hiver (recette p. 229)
– 1 dos de cabillaud à l'anis étoilé (recette p. 234)
– 1 assiette de lentilles corail aux épices (recette p. 242)
– 1 assiette à dessert de salade d'agrumes (1 orange
   et 1/2 pamplemousse)

▓ Pour sauvegarder la vitamine C, épluchez vos agrumes au dernier moment et consommez-les immédiatement.

Mardi

Petit-déjeuner

- 1 verre de jus de citron chaud (recette p. 253)
- 2 à 3 tranches de pain aux céréales
- 1 noix de beurre ou 1 cuil. à soupe d'huile d'olive
- 1 petit bol de framboises fraîches ou décongelées

Astuce courses : méfiez-vous de ces grandes tranches de pain aux céréales « à l'américaine » que l'on trouve en supermarché et qui sont, en général, beaucoup trop sucrées.

Déjeuner

- 1 petite assiette d'asperges à l'origan (recette p. 216)
- 1 dos de saumon (sauvage si possible) à l'unilatérale, au citron vert et à l'aneth
- 1 cassolette de crucifères (recette p. 241)
- 5 cuil. à soupe de pois chiches
- 1 assiette à dessert carpaccio d'ananas à la coriandre et à la menthe poivrée (recette p. 246)

▓ Hors saison, utilisez des asperges surgelées qui conservent leurs qualités nutritionnelles.

Pourquoi ce déjeuner est-il anti-inflammatoire ? Grâce aux oméga-3 (saumon), aux épices et aux herbes (origan, coriandre, menthe poivrée), aux phytonutriments présents dans les fruits et légumes (asperges, ananas et surtout les crucifères, très anti-inflammatoires).

Collation (facultative)

- 1 tasse d'infusion de thym et de romarin
- 3 noix

Dîner

- 1 petite assiette de patate douce et carottes à la marocaine (recette p. 220)
- 1 blanc de poulet mariné aux épices tandoori (recette p. 232)
- 1 assiette de courge spaghetti cuite à la vapeur, assaisonnée de 1 cuil. à soupe d'huile d'olive et de 1 pincée de curcuma
- 1 à 2 tranches de pain aux graines de lin (recette p. 251)
- 1 bol de soupe de fraises et sorbet au citron vert (recette p. 247)

Astuce : la courge spaghetti se cuit à la vapeur. Puis, une fois les pépins enlevés, on la coupe en forme de spaghettis. Succès garanti auprès des petits et des grands. En l'aromatisant avec du curcuma, vous augmentez son potentiel anti-inflammatoire.

Mercredi

Petit-déjeuner

- 1 tasse de thé vert sencha en vrac
- 2 à 3 tranches de pain aux graines de lin (recette p. 251)
- 1 noix de beurre ou 1 cuil. à soupe d'huile d'olive
- 1 laitage nature enrichi aux lactobacilles

Astuce courses : les lactobacilles sont des probiotiques qui ont été ajoutés au laitage. Cette mention est clairement indiquée sur l'emballage du produit, facile à trouver au rayon frais de votre supermarché.

Déjeuner

- 1 petite assiette de champignons (de Paris, girolles...) coupés en fines lamelles avec 1 cuil. à soupe d'huile d'olive, 1 jus de citron et des graines de fenouil moulues (au mortier)
- 1/2 assiette de pâtes complètes au coulis de tomates et aux herbes de Provence

Déjeuner (suite)
- 1/2 assiette de légumes à la méditerranéenne cuits au wok (recette p. 231)
- 1 assiette à dessert de compote de rhubarbe, à sucrer avec 1/2 cuil. à café de stevia

Information nutrition : le citron est très riche en vitamine C antioxydante, qui empêche l'oxydation qui noircit les champignons.

Nouveauté nutrition : le stevia, que l'on trouve facilement dans les magasins diététiques, est le plus récent des édulcorants naturels. On l'utilise sous forme de gouttes ou de poudre. Une toute petite quantité suffit. On peut l'utiliser pour cuisiner. Il n'entraîne pas de déclenchement excessif de la production d'insuline. C'est notre produit sucrant préféré. Nous n'avons cependant pas pu l'inclure dans notre liste des 100 aliments anti-inflammatoires, car nous ne disposons pas à ce jour d'études suffisantes pour affirmer son effet anti-inflammatoire.

Collation (facultative)
- 1 tasse de tisane à l'anis étoilé
- 4 noisettes

Dîner
- 1 bol de soupe rouge d'été façon gaspacho (recette p. 226)
- 1 moelleux de dorade à l'estragon (recette p. 237)
- 1 assiette de brocolis vapeur
- 2 tranches de pain de seigle
- 1 cocktail de grenade et fleur d'oranger (recette p. 249)

▦ Selon la saison, vous pouvez choisir dans les recettes des soupes chaudes ou froides.

Pourquoi ce dîner est-il anti-inflammatoire ? Grâce aux phytonutriments (tomates dans la soupe, brocolis, et bien entendu la grenade), aux herbes (estragon) et aux fibres (grenade, brocolis).

Jeudi

Petit-déjeuner

- 1 verre de jus de citron chaud (recette p. 253)
- 1 bol de flocons d'avoine (non instantanés) avec 1/2 cuil. à café de stevia et du lait de soja
- 1 kiwi

Astuce préparation : les flocons d'avoine, au faible index glycémique, peuvent paraître trop peu sucrés à certains. N'hésitez pas à ajouter du stevia (voir p. 116), juste après la cuisson.

Déjeuner

- 1 petite assiette de taboulé de quinoa (recette p. 243)
- 1 maquereau en papillote (recette p. 236)
- 1 assiette de fenouil et de patate douce (recette p. 217)
- 1 à 2 tranches de pain aux graines de lin (recette p. 251)
- 1 verrine de rhubarbe et de framboises à la verveine citronnée (recette p. 248)

Pourquoi ce déjeuner est-il anti-inflammatoire? Grâce aux oméga-3 (maquereau, pain aux graines de lin), aux acides gras monoinsaturés (huile d'olive), aux fibres (fenouil, rhubarbe, framboises) et aux flavonoïdes de la patate douce.

Collation (facultative)

- 1 tasse d'immuni-thé (recette p. 264)
- 2 carrés de chocolat noir à plus de 72 % de poudre de cacao

Le petit plus : l'immuni-thé est une boisson véritablement dopante pour votre immunité.

Dîner

- 1 brochette de légumes croquants au pistou (recette p. 218)
- 9 à 12 huîtres
- 2 à 3 tranches de pain de seigle
- 1 assiette à dessert de salade de groseilles et de framboises

Variante : si vous n'aimez pas les huîtres, remplacez le plateau par 2 ou 3 sardines en papillote parfumées au romarin, en suivant la recette des maquereaux en papillote, p. 236.

Vendredi

Petit-déjeuner
- 1 tasse de thé darjeeling vert (ou gunpowder) en vrac
- 2 ou 3 tranches de pain aux graines de lin (recette p. 251)
- 1 portion (40 à 50 g) de chèvre frais à aromatiser avec du thym
- 1 petite assiette de salade de tomates et concombres avec 1 cuil. à café d'huile d'olive (facultatif)

Déjeuner
- 1 petite assiette de salade d'herbes (recette p. 222)
- 1 steak de thon mi-cuit à la japonaise sur une salade de pousses d'épinards (recette p. 239)
- 1 assiette de fèves (environ 80 à 120 g cuits)
- 1 bol de salade de baies rouges (recette p. 250)

Pourquoi ce déjeuner est-il anti-inflammatoire? Grâce aux oméga-3 du thon, aux phytonutriments et aux fibres des pousses d'épinards, des courgettes et des baies rouges, ainsi qu'à la présence de fèves et d'herbes, véritables aliments anti-inflammatoires.

Collation (facultative)
- 1 tasse de tisane à la verveine citronnée
- 1 poignée d'airelles séchées

Dîner	– 3 fonds d'artichauts à la vinaigrette au cumin (recette p. 219) – 1 assiette de riz complet aux amandes effilées – 1 poire

Samedi

Petit-déjeuner	– 1 tasse de thé matcha – 1 bol de flocons d'avoine à faire bouillir dans de l'eau chaude parfumée à la cannelle, pendant 1 min, puis à cuire jusqu'à évaporation de l'eau (20 min environ)

Le petit plus : les flocons d'avoine ont un index glycémique peu élevé et évitent ainsi les fringales au milieu de la matinée.

Déjeuner	– 1 petite assiette de salade italienne (recette p. 223) – 1 assiette de penne à la farine intégrale avec un coulis de tomates aux herbes de Provence – 1 bol de myrtilles en été ou 1 orange en hiver

Collation (facultative)	– 1 verre de jus de grenade, sans sucre ajouté – 1 poignée de baies de Goji

Pourquoi cette collation est-elle anti-inflammatoire ? Elle n'est pas très importante en quantité, mais elle contient beaucoup de nutriments anti-inflammatoires. La grenade est considérée comme l'un des fruits les plus anti-inflammatoires. Les baies sont essentiellement riches en vitamine C. Si vous n'en trouvez pas, vous pouvez les remplacer par des airelles séchées.

Dîner

- 1 bol de soupe orange d'automne (recette p. 225)
- 1 filet de bar en papillote au safran et au citron vert
- 1 assiette de salade de pourpier et de mâche (recette p. 224)
- 5 cuil. à soupe de lentilles corail aux épices (recette p. 242)
- 3 abricots l'été ou 1/4 d'ananas l'hiver

■ Suivez la recette des maquereaux en papillote (voir p. 236), en remplaçant le laurier par 2 à 3 filaments de safran.

Dimanche

Petit-déjeuner

- 1 tasse de vitali-thé (recette p. 263)
- 2 à 3 tranches de pain aux graines de lin (recette p. 251)
- 1 noix de beurre
- 1 bol de groseilles

Déjeuner

- 1 verrine de courgettes à la coriandre et aux épices (recette p. 230)
- 1 blanc de poulet rôti aux herbes de Provence, sans la peau
- 1 assiette de tian de légumes (recette p. 244)
- 4 ou 5 cuil. à soupe de riz complet
- 1 yaourt au bifidus
- 1/2 pamplemousse

Collation (facultative)

- 1 tasse de séréni-thé (recette p. 261)
- 1 bonne poignée de cerises l'été ou 1 pomme bio en hiver

Dîner	– 1 bol de soupe violette (recette p. 228) – 1 assiette de carpaccio de saumon à l'huile d'olive et au basilic (suivez la recette du carpaccio de dorade p. 233) – 1 assiette de shiitake au gingembre (recette p. 245) – 1 grappe de raisin noir bio

Pourquoi ce dîner est-il anti-inflammatoire? Grâce aux oméga-3 du saumon, aux acides gras monoinsaturés de l'huile d'olive, aux champignons shiitake, aux herbes (basilic) et aux épices (gingembre), et au resvératrol du raisin. Voilà de quoi finir en beauté la semaine détox vitalité !

Les boissons

Pour compenser les pertes d'eau journalières, il faut boire entre 1 litre et 1,5 litre d'eau dans la journée. En 2009, on a beaucoup parlé de la quantité idéale d'eau à consommer. Et, finalement, on en revient au bon sens en conseillant à tous de boire en fonction de sa soif, ce qui revient à boire en général 1 à 1,5 litre d'eau. La meilleure boisson reste l'eau. On peut l'aromatiser avec du jus de citron frais, ce qui a pour vertu d'augmenter les apports en antioxydants (vitamine C). Le programme vous propose aussi du thé vert et des tisanes aux propriétés anti-inflammatoires.

Les petits bonheurs quotidiens

C'est d'abord 1 ou 2 carrés de chocolat noir riche en poudre de cacao (au-dessus de 70 %) chaque jour. Ce n'est bien entendu pas une obligation, mais cela permet d'allier le plaisir à la prévention santé.

C'est ensuite la possibilité de boire chaque jour 1 verre de vin rouge au maximum pour profiter des vertus de son resvératrol. Bien sûr, c'est aussi facultatif !

La semaine détox vitalité à emporter au bureau

Il est vrai que la semaine détox vitalité à la maison pourrait vous faire passer du temps devant vos fourneaux, ce qui n'est pas forcément compatible avec le mode de vie actuel. Nous vous donnons ainsi la possibilité d'exporter votre programme anti-inflammatoire au bureau, à la cantine, au restaurant... Le petit-déjeuner, la collation et le dîner restent inchangés par rapport à la semaine détox vitalité maison. Nous avons choisi un exemple de restaurant par journée pour vous aider à faire de meilleurs choix sur les menus. Adopter une alimentation anti-inflammatoire est aussi possible dans la vie de tous les jours.

Les menus

Lundi

Lunch box	– 1 petite assiette de salade de fenouil cru à l'estragon et à l'huile d'olive – 1 blanc de poulet, sans la peau, aux herbes de Provence et au paprika – 3 tomates coupées en 4 avec un filet d'huile de noix – 2 tranches de pain aux graines de lin (recette p. 251) – 1 laitage nature enrichi aux probiotiques – 1 poire

Astuce préparation : vous pouvez préparer le blanc de poulet la veille en le faisant revenir dans une poêle antiadhésive, avec un peu d'huile d'olive et une pincée de paprika. Ajoutez les herbes de Provence au dernier moment et dégustez aussi bien froid que chaud.

Cantine	– 1 petite assiette de carottes vinaigrette – 1 blanc de poulet sans la peau – 1 assiette mi-haricots verts, mi-riz – 1 fruit

Bistrot	– 1 petite assiette de crudités à la vinaigrette – 1 filet de saumon à la poêle – 1 assiette mi-haricots verts, mi-pâtes – 1 salade de fruits

Mardi

Lunch box	– 3 fonds d'artichauts à la vinaigrette au cumin
	  (recette p. 219)
	– 150 à 250 g de thon au naturel (si possible à partir
	  de thon frais) au citron
	– 1 assiette de salade de pâtes complètes
	– 3 tranches d'ananas frais

Cantine	– 1 petite assiette de tomates vinaigrette – 1 filet de cabillaud – 1 assiette de riz – 1 petite assiette de salade verte – 1 yaourt nature au bifidus – 1 pomme

Restaurant japonais	– 1 bol de soupe miso (à base de tofu) – 1 petite assiette de crudités à base de chou – 12 à 18 sashimi de saumon – 1 bol de riz nature – 1 mangue – 1 thé vert

Mercredi

Lunch box
- 8 à 10 crevettes sautées au wok avec du cumin et du citron vert
- 1 petite assiette de salade verte
- 1 petite assiette de riz complet
- 1 laitage aux probiotiques
- 1 barquette de fraises ou 1 orange, selon la saison

Cantine
- 1 petite assiette de concombres, sauce vinaigrette
- 1/2 assiette de pâtes nature ou à la sauce tomate
- 1/2 assiette d'épinards
- 1 yaourt au bifidus
- 1/2 pamplemousse

Traiteur chinois
- 1 petite assiette de salade de chou au poulet
- 1 soupe aux raviolis vapeur
- 1 petit bol de riz
- 1 fruit

Jeudi

Lunch box
- 1 petite assiette de salade composée avec des tomates, des concombres, de l'avocat, du fenouil et des morceaux de saumon frais, sauce à l'huile de colza et citron vert
- 2 à 3 tranches de pain aux graines de lin (recette p. 251)
- 1 laitage au bifidus
- 1 grappe de raisin noir bio

Cantine

- 1/2 avocat
- 1 ou 2 tranches de filet mignon de porc ou de rôti de veau
- 1/2 assiette de lentilles
- 1/2 assiette de légumes
- 1 yaourt nature au bifidus
- 1 pomme

Restaurant italien

- 1 petite assiette de légumes marinés à l'huile d'olive
- 1 assiette de pâtes, sauce tomate au basilic, courgettes et thon
- 1 petite assiette de salade verte à l'huile d'olive
- 1 assiette à dessert de salade de fruits frais

Vendredi

Lunch box

- 1 petite assiette de salade de lentilles corail, vinaigrette à l'huile d'olive et citron
- 1 partie de cuisse de pintade au curcuma
- 1 assiette de patate douce et carottes à la marocaine (recette p. 220)
- 1 barquette de framboises

Astuce préparation : vous pouvez acheter dans les supermarchés des lentilles au naturel, cuites à la vapeur. Il suffit ensuite de les assaisonner.

Cantine

- 1 petite assiette de salade de chou
- 1 ou 2 filets de poisson blanc
- 2 grosses pommes de terre cuites avec la peau
- 1 assiette de haricots verts
- 1 fruit

Restaurant indien	– 1 petite assiette de raïta (mélange de yaourt et de concombre) – 1 cuisse de poulet tandoori, sans la peau – 1/2 assiette de riz basmati – 1/2 assiette d'épinards – 1 assiette à dessert de salade de fruits frais

La semaine détox minceur

Si vous souhaitez perdre du poids sans pour autant mettre votre santé en danger, si vous voulez consommer des aliments variés et savoureux, si vous avez envie de mettre toutes les chances de votre côté pour perdre des kilos et ne pas en reprendre, l'alimentation anti-inflammatoire est faite pour vous. Voici une semaine détox minceur qui vous permettra de perdre en moyenne **un kilo dans la semaine**. Cette semaine détox minceur s'inspire de la détox vitalité, mais elle est plus «légère». Nous avons souhaité vous proposer une semaine ludique, qui reste conviviale malgré la baisse des calories. Car il est vrai que, pour maigrir, il faut diminuer ses apports, même avec une alimentation anti-inflammatoire. Nous avons accordé, au petit-déjeuner, une grande place aux smoothies anti-inflammatoires.

Pourquoi ?

Venus de Californie assez récemment, les smoothies sont une manière de revisiter fruits, jus de fruits et milk-shakes ! Ce sont de purs jus de fruits mixés auxquels on peut ajouter parfois du yaourt. Ils donnent l'impression – à juste titre ! – d'avaler des vrais cocktails hypervitaminés.

En outre, ils multiplient les qualités.
– Ils sont **rapides à préparer** : il vous suffit d'un mixeur.
– Ils sont **agréables à déguster** : vous apprécierez leur aspect onctueux.

– Ils sont **satiétogènes** : vous n'aurez pas faim jusqu'au déjeuner.

– Ils sont **ludiques** : vous pouvez décliner, selon vos goûts, les ingrédients.

– Ils sont **anti-inflammatoires** : les recettes que nous vous proposons ne sont, bien entendu, constituées que d'aliments anti-inflammatoires.

Les smoothies vont vous faciliter la vie et vous permettre de vivre une semaine détox minceur sans souffrance. Une semaine qui commence un dimanche. Et vous allez comprendre pourquoi.

Les menus

Dimanche

C'est un jour particulier. Votre journée à vous. Pas de rendez-vous professionnel, pas d'enfant à amener à l'école. Rien ne vous presse. Alors, profitez-en pour commencer votre semaine de détox minceur anti-inflammatoire. Ce n'est pas un jour pour courir ; on a plutôt envie de paresser et de s'occuper de soi. Un jour de rupture au milieu d'une vie trépidante.

Petit-déjeuner

– 1 verre de jus de citron chaud (recette p. 253)
– 1 smoothie du dimanche matin (recette p. 255)

Collation

– 1 bol de thé vert gunpowder en vrac

Déjeuner

– 1 bol de bouillon de légumes (à volonté)
– 1 filet de dorade en papillote (papier sulfurisé) au thym, romarin, citron et tomate
– 1 assiette (200 à 300 g) de haricots verts au cumin

Collation (facultative)	– 1 tasse de thé vert gunpowder en vrac – 1 petite poignée de baies de Goji sèches ou 1 petite poignée d'airelles séchées (facultatif)

Dîner	– 1 bol de soupe verte d'hiver (recette p. 229) – 1 assiette (200 à 300 g) de légumes à la méditerranéenne cuits au wok (recette p. 231) – 1 fruit

Le petit plus de la journée : une promenade au grand air de 45 minutes dans l'après-midi.

Lundi

L'agitation de la semaine reprend. Votre détoxification, quant à elle, a commencé. Il faut maintenant la poursuivre tout en accomplissant vos tâches habituelles, mais sans fatigue ni faim. C'est la raison d'être du smoothie du petit-déjeuner. Il vous apporte des composés anti-inflammatoires et vous donne une vraie sensation de satiété jusqu'au déjeuner.

Petit-déjeuner	– 1 smoothie californien (recette p. 258)

Déjeuner	– 1 petite assiette de carpaccio de dorade (recette p. 233) – 1 assiette de salade de pourpier et de mâche (recette p. 224) – 1 pomme bio à la cannelle

Astuce minceur : adaptez votre vinaigrette en mélangeant 1 cuil. à café d'huile d'olive, 1 cuil. à soupe d'eau, du vinaigre balsamique et des herbes de Provence.

Collation (facultative)
- 1 tasse de séréni-thé que vous pouvez sucrer avec 1/2 cuil. à café de stevia (voir p. 261), si vous le souhaitez
- 3 amandes (facultatives)

Dîner
- 1 bol de soupe orange d'automne (recette p. 225)
- 1 assiette de crevettes sautées au butternut (recette p. 235)
- 1 yaourt nature au bifidus
- 1 tisane au thym

Astuce minceur : pour la recette des crevettes, réduisez la quantité d'huile à 1 cuil. à soupe.

Information détox minceur : pour bien détoxifier, il faut hydrater. C'est pourquoi smoothies, soupes, bouillons, thés, tisanes et jus de citron sont inscrits à votre menu de la semaine.

Mardi

Petit-déjeuner
- 1 smoothie *Rhapsody in blue* (recette p. 260)

Déjeuner
- 1 petite assiette d'asperges à l'origan (recette p. 216)
- 1 filet de saumon cuit vapeur à l'aneth et au citron (130 g pour une femme ; 180 g pour un homme)
- 1 cassolette (200 à 300 g) de crucifères (recette p. 241)
- 1 assiette à dessert de carpaccio d'ananas à la coriandre et à la menthe poivrée (recette p. 246)

Collation (facultative)

– 1 infusion de thym et romarin

Dîner

– 1 bol de bouillon de légumes (fait maison ou en cubes)
– 1 blanc (environ 150 g) de poulet tandoori
– 1 assiette (200 à 300 g) de courge spaghetti cuite
   à la vapeur, assaisonnée de 1 cuil. à café d'huile d'olive
   et de 1 pincée de curcuma (voir p. 115)
– 1 laitage aux probiotiques

Complément détox : prenez le temps de faire un drainage lymphatique manuel. Il complète parfaitement votre alimentation détoxifiante en favorisant l'élimination des toxines. Renseignez-vous auprès des kinésithérapeutes formés à cette technique.

Mercredi

Petit-déjeuner

– 1 smoothie des îles (recette p. 259)

Déjeuner

– 1 petite assiette de champignons (de Paris, girolles...)
   revenus avec 1 cuil. à café d'huile, ail et ciboulette
– 2 filets de rouget cuits en papillote (papier sulfurisé)
   avec du romarin, du citron et 1 cuil. à café d'huile
   d'olive
– 1 assiette (200 à 300 g) de haricots verts
– 1 petit bol (environ 4 cuil. à soupe) de compote de
   rhubarbe, avec quelques gouttes de stevia (voir p. 116)

Collation (facultative)

– 1 tasse de tisane à l'anis étoilé (recette p. 262)
– 3 amandes (facultatives)

Dîner

– 1 bol de soupe rouge d'été façon gaspacho (recette p. 226)
– 1 moelleux de dorade à l'estragon (250 g pour une femme ; 350 g pour un homme) (recette p. 237)
– 1 assiette (200 à 300 g) de brocolis au gingembre

Le saviez-vous ? L'anis étoilé, ou fleur de badiane, est utilisé pour fabriquer un médicament antiviral, préconisé dans certains cas de grippe. Pour livrer son principe actif, l'anis étoilé devra subir un grand nombre de transformations. Utilisez-le en tisane, son goût est unique.

Jeudi

Petit-déjeuner

– 1 verre de jus frais d'agrumes
– 1 laitage naturel aux probiotiques

Déjeuner

– 1 assiette de salade d'herbes (recette p. 222)
– 150 g (pour une femme) à 250 g (pour un homme) de maquereau en papillote (recette p. 236)
– 1 assiette de fenouil et de patate douce (recette p. 217)

Collation (facultative)

– 1 tasse d'immuni-thé (recette p. 264)

| Dîner | – 2 brochettes de légumes aux herbes de Provence
– 1 filet (150 à 200 g) de dinde au curcuma
– 1 yaourt au bifidus
– 1 assiette de salade de groseilles et d'airelles (facultatif) |

Astuce recette : remplacez le pistou (recette p. 218) des brochettes par 1 cuil. à café d'huile d'olive et saupoudrez d'herbes de Provence.

Vendredi

| Petit-déjeuner | – 1 smoothie aux baies de Goji (recette p. 257) |

| Déjeuner | – 1 steak de thon mi-cuit à la japonaise sur une salade de pousses d'épinards (recette p. 239)
– 1 assiette (200 à 300 g) de fenouil cuit à la vapeur
– 1 assiette à dessert de salade de baies rouges (recette p. 250) |

| Collation (facultative) | – 1 tasse de verveine citronnée
– 1 petite poignée de graines de courge séchées (facultatif) |

| Dîner | – 1 bol de soupe violette (recette p. 228)
– 4 petits filets de sole au citron vert en papillote
– 1 assiette d'endives (200 à 300 g) cuit à la vapeur, puis revenu au wok avec de la poudre de gingembre et du curcuma
– 1 poire |

■ Le curcuma et le gingembre comptent parmi les épices les plus anti-inflammatoires. On évoque aussi leur rôle dans la prévention de certains cancers. Pour plus d'informations, reportez-vous au lexique des 100 aliments anti-inflammatoires (voir p. 207).

Samedi

Petit-déjeuner

– 1 smoothie framboises-basilic (recette p. 254)

Déjeuner

– 1 petite assiette de carpaccio de bar au citron vert
et aux graines de fenouil moulues
– 1 émincé de poulet revenu à l'huile d'olive
et au basilic ciselé (150 g pour une femme ;
250 g pour un homme)
– 1 assiette (200 à 300 g) de shiitake au gingembre
(recette p. 245)
– 1/4 d'ananas frais

Astuce préparation : pour cuisiner votre carpaccio de bar, suivez la recette du carpaccio de dorade au cerfeuil et au citron vert (recette p. 233).

Collation (facultative)

– 1 tasse de séréni-thé (recette p. 261)

Dîner

– 1 bol de soupe orange d'automne (recette p. 225)
– 1 assiette de saumon mariné au citron vert et à l'aneth
(150 g pour une femme ; 250 g pour un homme)
(recette p. 238)

Dîner (suite)

- 2 à 3 petits cœurs de laitue au citron, arrosés de 1 cuil. à café d'huile d'olive
- 1 cocktail de grenade et fleur d'oranger (recette p. 249)

▓ Finissez en beauté cette semaine détox minceur anti-inflammatoire avec de la grenade, l'un des fruits les plus anti-inflammatoires et du saumon mariné pour ses oméga-3.

La phase d'entretien : un changement en profondeur au quotidien

Que vous ayez choisi la semaine détox vitalité ou la semaine détox minceur, vous voilà maintenant au cœur de l'alimentation anti-inflammatoire qui bientôt n'aura plus de secret pour vous. Il faut maintenant adapter vos nouvelles habitudes à la vie quotidienne. Gérer les invitations, les périodes de vacances, les obligations professionnelles ou sociales. Il est aussi temps de mettre en place votre programme d'activité physique anti-inflammatoire. Enfin, nous vous donnerons des astuces pour mieux moduler le stress tout en retrouvant le plaisir de vous occuper de vous.

> **Le mode de vie anti-inflammatoire en vitesse de croisière**
>
> – Appliquer les principes de la journée type de l'alimentation anti-inflammatoire ;
> – retrouver le plaisir de bouger ;
> – réduire les sources de stress, en s'occupant de soi (massages, soins de beauté) ;
> – réapprendre à bien dormir ;
> – gérer les « extras ».

Si nous vous orientons vers une alimentation anti-inflammatoire, nous n'en avons pas pour autant oublié les principes de l'équilibre alimentaire. Vos choix alimentaires doivent être larges et variés et au plus proche des apports nutritionnels conseillés, évoqués dans le tableau suivant.

Les apports nutritionnels journaliers conseillés

Apports nutritionnels journaliers conseillés en calories[1]

Adulte	Nombre de calories par jour
Femme	2 000 à 2 200
Homme	2 500 à 2 700

Apports nutritionnels journaliers conseillés en minéraux[1]

	Calcium	Phosphore	Magnésium	Fer	Zinc	Cuivre
Homme	900 mg	750 mg	420 mg	9 mg	12 mg	2 mg
Femme	900 mg	750 mg	360 mg	16 mg	10 mg	1,5 mg

Apports nutritionnels journaliers conseillés en vitamines[1]

Vitamines	C	A	E	D
Homme	110 mg	800 mg	12 mg	5 mg
Femme	110 mg	600 mg	12 mg	5 mg

La journée anti-inflammatoire type

Il suffit d'utiliser les aliments anti-inflammatoires répertoriés p. 175. Avec un minimum d'entraînement, vous aurez une alimentation variée, chaque jour différente si vous le souhaitez, savoureuse et rassasiante. Nous vous proposons des quantités moyennes, à

---

1. A. Martin, *Apports nutritionnels conseillés pour la population française, op. cit.*

136

titre indicatif, pour vous aider quand vous achetez et préparez vos aliments. Mais il n'est absolument pas obligatoire de les peser. D'autant que votre appétit peut varier d'un jour à l'autre. **Rappelons-le : il ne s'agit pas d'un régime.**

Petit-déjeuner

1 portion d'aliments à index glycémique bas
– 2 à 4 tranches de pain aux graines de lin
– ou 30 à 50 g de muesli, sans sucre ajouté
1 laitage aux probiotiques ou au bifidus (facultatif)
1 fruit
– 1 pomme, 1 poire, 1 orange... (1 fruit de taille moyenne)
– ou 150 g de fruits rouges
– ou 2 kiwis, 2 abricots... (2 petits fruits)
1 boisson chaude anti-inflammatoire
– 1 jus de citron chaud
– ou 1 bol de thé vert en vrac
– ou 1 bol de tisane aux herbes (thym, romarin...)
    ou aux épices (gingembre, cannelle, anis étoilé...)

Féculents/légumineuses et minceur

Si vous souhaitez perdre davantage de poids, suivez le programme ci-dessous pour la réintroduction des féculents et des légumineuses :
– 1 fois par semaine la première semaine ;
– 2 fois par semaine la deuxième semaine ;
– 3 fois par semaine la troisième semaine ;
– 4 fois par semaine la quatrième semaine ;
– puis tous les jours, si vous le souhaitez, à partir de la cinquième semaine.

Déjeuner

1 assiette de crudités anti-inflammatoires
– 150 g en moyenne
1 portion de protéines anti-inflammatoires
– 200 g (pour une femme) à 300 g (pour un homme)
de viande blanche
– ou 250 g (pour une femme) à 350 g (pour un homme)
de poisson blanc
– ou 150 g (pour une femme) à 250 g (pour un homme)
de poisson gras
1 portion de féculents complets ou de légumineuses
– 50 g (crus) de pâtes complètes, riz complet, lentilles,
pois chiches... (voir p. 182-184) ou plus si vous avez faim,
surtout si vous êtes un homme
1 portion de légumes verts
– environ 300 g de légumes à feuilles vert foncé
(voir p. 187)
– ou environ 300 g de légumes jaunes, orange ou rouges
(voir p. 185)
1 à 2 cuil. à soupe d'huile
– d'olive à froid ou pour la cuisson
– de colza ou de noix à froid
**1 cuil. à soupe d'herbes ou d'épices
anti-inflammatoires**
1 fruit
– 1 pomme, 1 poire, 1 orange... (1 fruit de taille moyenne)
– ou 150 g de fruits rouges
– ou 2 kiwis, 2 abricots... (2 petits fruits)
2 carrés de chocolat noir
1 boisson anti-inflammatoire ou de l'eau

Collation (facultative)

Elle peut aussi être consommée le matin.
1 fruit ou 1 poignée de baies (Goji, airelles séchées...)
1 boisson anti-inflammatoire
– 1 jus de citron chaud
– ou 1 bol de thé vert en vrac
– ou 1 bol de tisane aux herbes (thym, romarin...)
  ou aux épices (gingembre, cannelle, anis étoilé...)

Pour le dîner, nous vous proposons deux options en fonction de vos envies.

Dîner 1

1 soupe (1 bol, soit environ 20 cl)
– soupe verte d'hiver (recette p. 229)
– ou soupe rouge d'été façon gaspacho (recette p. 226)
– ou soupe orange d'automne (recette p. 225)
– ou soupe violette (recette p. 228)
– ou 1 bouillon de légumes
1 portion de légumes
– environ 300 g de légumes à feuilles vert foncé (voir p. 187)
– ou environ 300 g de légumes jaunes, orange ou rouges
  (voir p. 185)
1 cuil. à soupe d'huile (olive, colza ou noix)
1 cuil. à soupe d'herbes ou d'épices anti-inflammatoires
1 portion de protéines anti-inflammatoires
– 200 g (pour une femme) à 300 g (pour un homme)
  de viande blanche
– ou 250 g (pour une femme) à 350 g (pour un homme)
  de poisson blanc
– ou 150 g (pour une femme) à 250 g (pour un homme)
  de poisson gras
1 fruit
1 boisson anti-inflammatoire ou de l'eau

Dîner 2	Remplacez la portion de protéines du dîner 1 par : **100 g (crus) de féculents complets ou de légumineuses,** surtout si vous n'en avez pas consommé au déjeuner.

Gérer les « extras »

Voici un défi qui n'est pas dénué d'intérêt ! Votre atout : avoir véritablement modifié en profondeur vos habitudes alimentaires. Vous n'avez pas fait un simple régime, vous avez changé de mode de vie.

Sortir au restaurant

Au restaurant, tout commence avec la lecture du menu et les choix à effectuer. Vous pouvez retrouver un certain nombre d'aliments anti-inflammatoires et choisir votre mode de cuisson à la commande.

Restaurant français

La gastronomie française est réputée dans le monde entier, notamment pour sa diversité : il est donc toujours possible d'y trouver son « bonheur anti-inflammatoire ».

Alors, suivez le guide !

Plats à privilégier	Plats à éviter
Entrées	
Crudités à l'huile d'olive	Crudités mayonnaise
Pamplemousse	Quiche
Carpaccio de poisson	Charcuterie
Fruits de mer	Œufs mayonnaise
Foie gras (avec modération)	

Plats	
Poisson entier	Plats en sauce
Viande blanche	Viande rouge
Légumes variés	Viandes et poissons frits
Lentilles	Gratins
Riz, pâtes	Pommes de terre, surtout en purée ou frites
Salade	
Desserts	
Fruits sous toutes les formes (sauf au sirop)	Gâteaux
Sorbets	Crèmes
Boissons	
Eau	Sodas
1 verre de vin (facultatif)	Plus de 2 verres de vin
	Alcools forts
Pain	
Pain aux céréales	Pain blanc
Pain de seigle	Baguette

Restaurant chinois ou japonais

Plats à privilégier	Plats à éviter
Entrées	
Rouleau de printemps	Nems
Salade au poulet	Beignets de crevettes
Salade aux crevettes	Tempura (fritures)
Potage pékinois	
Potage d'asperges et de crabe	
Soupe miso	
Crudités à base de chou	

Plats	
Riz gluant	Riz cantonais
Légumes chop suey	Nouilles sautées
Poulet au curry	
Poulet aux champignons noirs	
Crevettes au curry	
Sashimi	
Maki	
Desserts	
Gingembre confit (en quantité	Glace coco
très raisonnable)	Nougat
Mangue	Fruits au sirop
Ananas	
Boissons	
Eau	Sodas
Thé	Bière japonaise

Restaurant libanais

Plats à privilégier	Plats à éviter
Entrées	
Taboulé libanais	Falafel (boulette frite)
Salade de tomates et concombres	
Loubiye (haricots verts, tomates, oignons, huile d'olive)	
Plats	
Mjadra (mélange de lentilles et de riz)	Kafta (viande rouge)
Chich taouk (volaille)	Kastaletta (côtes d'agneau)
Saumon	Chawarma (bœuf)
	Frites

Desserts	
Mouhalabieh (flan à la fleur d'oranger)	Loukoum
Salade de fruits frais	Baclawa
	Glace à la chantilly
	Cheveux d'ange à la crème de lait
Boissons	
Eau	Sodas
Thé	
Café blanc (fleur d'oranger)	

Restaurant italien

Plats à privilégier	Plats à éviter
Entrées	
Légumes à l'huile d'olive (en quantité raisonnable)	Calmars frits
Carpaccio de saumon	Beignets de mozzarella
Salade d'artichauts et de roquette	
Plats	
Pâtes à la sauce tomate ou aux légumes	Gnocchi gorgonzola
Pâtes au thon et à la sauce tomate	Spaghettis quatre fromages
Bar de ligne à l'huile d'olive	Pizza quatre fromages
Desserts	
Salade de fruits frais	Tiramisù
	Glaces
Boissons	
Eau	Sodas
Thé	

Et l'alcool ?

L'alcool est associé à la vie sociale, à la convivialité. Pas de repas sans un bon verre de vin, pas de fête sans une coupe de champagne. Certains alcools ont des effets bénéfiques, mais ceux-ci ne s'expriment que si la consommation est modérée. Or, la modération est rapidement atteinte. Au-delà d'un verre par jour, les effets délétères l'emportent.

Les effets bénéfiques des boissons alcoolisées sont dus à la présence de polyphénols. Ce sont les vins rouges qui en contiennent le plus, 1 500 et 7 000 milligrammes de polyphénols par litre de vin contre 150 à 600 milligrammes pour les vins blancs et les rosés. C'est pourquoi on évoque le rôle du vin rouge dans la protection cardio-vasculaire (*french paradox,* voir p. 52).

Mais on dépasse vite la recommandation d'un verre par jour. L'exposition répétée et régulière à l'alcool entraîne de graves effets secondaires. D'abord, l'alcool est calorique (7 calories par gramme d'alcool) ; il peut faire prendre du poids. Mais cela n'est rien par rapport aux conséquences sur le foie et les neurones d'une consommation d'alcool régulière et excessive pendant des années, sans parler des dégâts occasionnés par une consommation excessive d'alcool pendant la grossesse.

Les situations « à risque »

Beaucoup d'événements risquent de vous éloigner de vos nouvelles habitudes anti-inflammatoires : les événements heureux caractérisés par une grande convivialité, les vacances et les sorties au restaurant plus fréquentes, comme les périodes difficiles de stress, d'ennui, de fatigue. C'est dans ces périodes-là que vous devez vous organiser.

Les invitations

Avant une invitation, mangez moins. Prévoyez des repas sans féculents ni légumineuses. Évitez le vin.

Chez vos hôtes, il existe une solution diplomatique si vous craignez de les vexer en mangeant moins. Tout d'abord, n'arrivez pas affamé. Prenez une collation avant. Petites tomates cerises, carottes en bâtonnets ou un fruit suffiront à couper votre appétit pour éviter de vous précipiter sur les biscuits apéritifs. À table, mangez douce-ment et ne vous forcez pas à finir votre assiette, surtout si celle-ci va vraiment à l'encontre de vos nouveaux principes.

Et il reste une dernière solution qui est peut-être la meilleure de toutes : faites-vous plaisir ! Mangez de bon cœur ce que l'on vous propose. Il sera bien temps le lendemain de reprendre vos bonnes habitudes.

Les vacances

Au petit-déjeuner, si vous êtes à l'hôtel, les buffets permettent le plus souvent de poursuivre vos choix anti-inflammatoires. Si vous faites un copieux petit-déjeuner, limitez le déjeuner à une salade et une assiette de fruits.

Au restaurant, commandez judicieusement et ne vous précipitez pas sur le pain blanc pourtant si tentant pour patienter avant l'arrivée du plat !

Continuez à compter les verres d'alcool consommés.

Et, surtout, n'abandonnez pas le sport. La pratique régulière d'une activité physique est très anti-inflammatoire.

Les périodes difficiles

Si vous traversez une période de stress ou de déprime, ne vous laissez pas aller au grignotage. Prévoyez une collation légère. N'achetez pas tout ce qui pourrait vous tenter. Là encore, n'arrêtez pas le sport. La fabrication d'endorphines pendant l'exercice physique ne peut qu'améliorer votre moral. Si vous vous sentez dépassé, n'hésitez pas à consulter votre médecin.

Et si, malgré ces conseils, vous vous êtes vraiment éloigné de vos habitudes anti-inflammatoires, prévoyez une semaine de détox anti-inflammatoire. Choisissez la détox minceur si vous avez pris du poids ou la détox vitalité si vous vous sentez fatigué.

Un programme personnalisé d'activité physique

Quel sportif êtes-vous ?

Vous n'êtes absolument pas sportif
Vous ne pratiquez aucun sport, voire vous y êtes allergique.

La marche est une solution qui vous convient. Selon les recommandations du PNNS, il faut marcher 30 minutes chaque jour, à bonne vitesse. Vous pouvez le faire en une seule fois ou en deux.

Astuces au quotidien

– Évitez l'ascenseur et empruntez les escaliers.
– Descendez du bus une ou deux stations avant la vôtre ou garez votre voiture un peu à distance de votre point d'arrivée.
– Le bricolage, le ménage et le jardinage représentent des dépenses énergétiques non négligeables.

Vous pratiquez le sport de manière irrégulière

Une fois par semaine au maximum, et encore pas toutes les semaines. Vous marchez de temps en temps, mais en général moins de 30 minutes par jour.

C'est un début ; il vous suffit d'un peu plus d'assiduité. Choisissez une ou deux disciplines et un horaire. Considérez que ce rendez-vous est important et ne doit pas être annulé. La régularité est essentielle. La performance vient avec le temps. Il n'est pas question de dépasser ses limites. Il vous faut plutôt trouver votre rythme : commencez par exemple par 20 minutes de marche rapide et 30 minutes de natation par semaine. Vous augmenterez progressivement la durée et la vitesse. Vous verrez votre corps se transformer. Et au niveau de vos cellules, vous pouvez imaginer l'impact anti-inflammatoire.

Vous êtes déjà un sportif régulier

Si vous pratiquez déjà une activité physique deux à trois fois par semaine, plus de 45 minutes à chaque fois, que vous marchez dès que vous en avez la possibilité. Vous avez atteint notre but. Persévérez, car le sport est une vraie sauvegarde anti-inflammatoire. Cela vous donnera peut-être envie de continuer, de vous améliorer, voire de vous dépasser. Le bien-être physique que vous tirez du sport est palpable. Vous êtes plus dynamique dans votre quotidien, moins stressé aussi.

Trois disciplines pour compléter le programme

Le Pilates pour la posture

Le Pilates a vu le jour aux États-Unis il y a plus de cinquante ans. Joseph Pilates, kinésithérapeute, a développé cette nouvelle gymnastique pour aider ses patients à se rééduquer en rééquilibrant tous les muscles du corps. Le Pilates est une technique de gymnastique très orientée sur le travail des abdominaux. Une fois ces muscles toniques, on travaille en douceur et en profondeur tous les autres muscles. Le secret : renforcer les muscles trop lâches et décontracter les muscles trop tendus. Pour cela, on se fonde sur la respiration lors de l'exécution des mouvements et le bon alignement de la colonne vertébrale. En pratiquant régulièrement – tous les adeptes en témoignent – quel que soit votre âge, votre corps devient plus mince, plus élancé, plus tonique. Les douleurs rhumatismales s'estompent, les organes trouvent plus d'espace pour fonctionner, le système immunitaire est renforcé.

Pratiquer cette activité régulièrement permet de prendre contact avec son corps, de se débarrasser des tensions et d'attaquer la journée en forme. Si vous suivez régulièrement le programme proposé p. 150 (ces exercices n'en sont qu'un avant-goût), s'ils vous plaisent, intéressez-vous à cette discipline : vous y gagnerez un ventre plat, une taille amincie, un dos souple et une allure élancée.

Avertissement : l'idéal est de prendre quelques cours en salle, dirigés par un professeur, pour apprendre à réaliser les mouvements correctement. Mais vous pouvez aussi débuter à la maison, en vous procurant un DVD[1] et en achetant un tapis de sol.

Le yoga pour vider les tensions

Le yoga est né en Inde il y a plusieurs millénaires. Il signifie « union » en sanskrit. Il allie la méditation à un travail sur la respiration. Mais les différentes postures permettent aussi de retrouver un corps plus ferme, plus tonique, en particulier au niveau abdominal. Le yoga conjugue la fluidité du corps et de l'esprit. Il existe plusieurs sortes de yoga. Le hatha-yoga est le plus pratiqué en France. Ses variantes s'appellent bikram yoga, ashtanga ou power yoga. Mais le yoga peut devenir un véritable mode de vie. C'est le cas du raja yoga, peu connu en Europe, qui associe les principes du hatha-yoga à une méditation intensive.

Son atout majeur : calmer le stress, grand pourvoyeur de radicaux libres, faire prendre de la distance avec les aléas de la vie quotidienne, et surtout, grâce au travail du souffle, oxygéner les organes.

---

1. Nous avons testé la collection « Pilates » de Soffia Morghad, Shaman Productions, 2008.

L'essentiel est de pratiquer les postures (ou *asanas*) régulièrement et toujours dans l'ordre, sans en omettre, car elles se complètent. Comme pour le Pilates, le corps les intègre et dégage la liberté de l'esprit qui peut faire un avec les sensations ressenties.

Les maîtres conseillent de pratiquer le matin, si possible à jeun, car le yoga pourrait perturber la digestion.

Pratiquez les mouvements en douceur, maintenez les postures. Si vous manquez de temps, supprimez un exercice, mais n'accélérez pas le mouvement.

Si certaines positions ne vous conviennent pas, ou si elles sont trop difficiles à réaliser, ne vous obstinez pas. Au fur et à mesure que vous vous assouplirez, vous pourrez les pratiquer.

Le taï chi pour se retrouver
Dérivé des arts martiaux, le taï chi est une gymnastique considérée en Chine comme une véritable médecine, souveraine pour tous, les plus jeunes comme les plus âgés. De nombreuses études, même si elles ne répondent pas aux critères scientifiques occidentaux, ont été réalisées en Chine sur ses bienfaits. Le taï chi met au centre l'extrême précision des gestes qui permet de sentir les blocages, le poids du corps, et le passage du courant énergétique...

Il réduit le risque de chutes, améliore les qualités d'équilibre pour la marche ainsi que le sommeil, calme l'hypertension, renforce le système immunitaire et relance l'énergie de tous les organes.

Comme le yoga et le Pilates, cette gymnastique, qui ressemble à une danse lente mais qui, en fait, mime des mouvements de combat, s'apprend progressivement. Il est conseillé, au début, de se faire guider par un professeur. Mais il faut des années avant de bien pratiquer le taï chi et c'est cela qui rend la discipline si intéressante. Les exercices se pratiquent au grand air.

Pour vous en offrir un avant-goût, nous avons choisi quelques mouvements parmi des centaines (voir exercices n° 16, 17, 18 et 19), à pratiquer de préférence le matin, pour commencer la journée en forme. Tout au long des exercices, gardez la tête bien droite dans l'axe du corps, étirée vers le ciel.

Votre programme, exercice par exercice

Nous avons élaboré pour vous un programme inspiré de ces trois disciplines. Il est composé d'exercices respiratoires, d'étirements, d'abdominaux, de positions de yoga et de taï chi à pratiquer à votre niveau. N'essayez pas d'aller «au bout» des mouvements. La souplesse viendra petit à petit. Vous pouvez pratiquer à votre convenance tous les exercices ou scinder le programme en deux si vous n'avez pas suffisamment de temps ou si vous êtes fatigué.

Ces exercices ne peuvent être pratiqués que si vous êtes en bonne santé. Si vous êtes enceinte ou en période de cycle, les mouvements de yoga sont à éviter.

Le moment idéal : le matin, avant le petit-déjeuner.

La fréquence idéale : trois fois par semaine, et plus si le cœur vous en dit.

Exercice n° 1 : respirer par le diaphragme
Asseyez-vous sur le tapis, les jambes repliées à 45 degrés, l'une contre l'autre.

Pliez le buste, enroulez la tête et laissez reposer les bras de chaque côté des cuisses.

Inspirez profondément, en mobilisant les abdominaux et en envoyant le souffle vers le bas du dos. Les côtes gonflent sur les côtés, car vous ne relâchez pas l'abdomen.

Puis soufflez doucement, en rapprochant les côtes, en descendant les abdominaux vers le nombril, et en expulsant l'air vers le bas, progressivement et à fond. Faites trois respirations complètes.

Vous pouvez reprendre cet exercice allongé sur le tapis, jambes repliées et un peu écartées, épaules abaissées, nuque détendue. Peu à peu vous allez sentir votre cage thoracique se détendre et acquérir une plus grande capacité. Faites trois respirations complètes.

Exercice n° 2 : étirer la taille

Allongez-vous sur le sol, jambes repliées à 90 degrés. Passez la jambe droite sur la gauche. Laissez tomber doucement les deux genoux vers la gauche, sans décoller le bas du dos du sol. Revenez en douceur. La balance est assurée par les abdominaux bien ramassés autour du nombril. Répétez trois fois le mouvement sur une jambe, puis sur l'autre. Puis changez de jambe et balancez de l'autre côté. Vérifiez à chaque fois qu'épaules, cou, nuque, bras sont bien détendus (trois mouvements). Répétez trois fois ces mouvements.

Exercice n° 3 : le *hundred*

C'est l'exercice vedette du Pilates : il active la circulation, réchauffe l'organisme et fortifie les abdominaux.

Allongez-vous sur le tapis, sur le dos. Repliez les jambes, étendez les bras au sol, le long du corps.

Levez les jambes à 45 degrés, pointe des pieds tendus. Repliez le menton sur la poitrine, en détendant bien la nuque qui ne doit pas tirer. Décollez les épaules du sol sans les raidir. Levez les bras le long du corps, paumes tournées vers le sol, et effectuez des petits battements (dans l'idéal, 100). Pendant les battements, inspirez pendant environ 5 secondes, puis expirez 5 secondes en battant. Vous devez tenir grâce à la force des abdominaux, et le reste du corps doit être détendu.

Exercice n° 4 : rouler comme un ballon

Asseyez-vous au bord du tapis, les genoux écartés dans le prolongement des hanches.

Attrapez les chevilles avec les mains par l'intérieur et rassemblez les pieds.

Courbez la tête et faites le dos rond.

Creusez bien l'abdomen comme si votre nombril voulait toucher la colonne vertébrale.

Levez les pieds. Vous tenez en équilibre sur vos ischions.

Inspirez à fond et laissez-vous rouler en arrière. Revenez vers l'avant dans la même position, en expirant et en contractant les abdominaux.

Recommencez trois fois, en vérifiant que les épaules, les bras, la nuque sont bien relâchés.

Exercice n° 5 : tonifier les jambes et muscler les fesses
Allongez-vous sur le côté droit le long du bord du tapis.

Étendez le bras droit et faites reposer la tête dessus.

Avancez un peu les jambes à partir du bassin, en un angle d'environ 45 degrés avec le buste.

Inspirez, serrez les abdominaux vers le nombril, levez la jambe supérieure, balancez-la vers l'avant en la maintenant bien dans l'axe de la hanche, puis revenez à la position initiale.

Expirez en basculant la même jambe vers l'arrière sans forcer. Faites l'exercice trois fois en tout.

Dans la même position, levez la jambe à la verticale en inspirant, tendez-la vers le plafond et soufflez.

Puis inversez la position. Faites-le trois fois de chaque côté.

Exercice n° 6 : la position de l'enfant
Pour finir cette première partie, asseyez-vous sur les genoux et étendez les bras au sol devant vous.

Relâchez les épaules, étirez le dos au maximum, doucement, pour sentir chaque vertèbre.

Respirez et détendez-vous. Profitez de cette position qui gomme toutes les tensions pendant quelques secondes.

Exercice n° 7 : la chandelle
Pour relancer la circulation sanguine sans effort musculaire.

Exercice n° 8 : la charrue
Pour relancer l'irrigation de la thyroïde (la glande qui gouverne le rythme de fonctionnement de l'organisme), étirer les cervicales, masser le ventre et développer la respiration par le ventre.

Exercice n° 9 : le poisson

Pour dégager le cou, développer la respiration thoracique et étirer le ventre.

Exercice n° 10 : la pince

Pour étirer la partie basse du dos tout en laissant détendus la nuque et le cou.

Exercice n° 11 : le cobra

Pour étirer le ventre, assouplir la colonne vertébrale et relancer la circulation dans le bas du dos.

Exercice n° 12 : la sauterelle
Pour mobiliser toute la musculature de la ceinture abdominale.

Exercice n° 13 : l'arc
Pour étirer tous les muscles.

Exercice n° 14 : la torsion
Pour effectuer une rotation de la colonne vertébrale dans un sens, puis dans l'autre, et gommer toutes les tensions.

Exercice n° 15 : la pose sur la tête

Voici le mouvement roi du yoga. Pour irriguer le cerveau, énergétiser tout le corps.

À noter : si vous ne vous sentez pas sûr de vous, vous pouvez vous appuyer contre un mur.

Cet exercice est à reserver aux personnes expérimentées (voir aussi les recommandations p. 150)

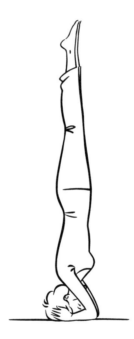

Exercice n° 16 : cueillir le ciel

Debout, restez immobile quelques secondes, en vous concentrant sur votre respiration.

Relâchez les épaules et le ventre, les mâchoires, les fesses.

Écartez les jambes à l'aplomb des épaules, fléchissez les genoux.

Ouvrez les bras de chaque côté du buste en inspirant, relevez-les jusqu'à ce que vos mains pointent vers le ciel.

Faites comme si vous cueilliez un petit nuage dans le ciel afin de l'amener sur la terre. Rapprochez les mains l'une vers l'autre et laissez-les descendre en direction du sommet de votre crâne. Expirez doucement.

Fléchissez les chevilles, les genoux et les hanches, descendez doucement les mains devant votre buste. Fin de l'expiration.

Recommencez au rythme de votre respiration en allongeant votre souffle, mais sans forcer. Répétez cet exercice trois fois.

Exercice n° 17 : l'envol de la grue
Debout, pieds écartés à la hauteur des hanches, genoux légèrement pliés mais souples, bras relâchés le long du corps.

Pliez lentement les genoux, descendez le corps bien droit, vers le coccyx, ne cambrez pas. Levez les bras doucement en même temps, respirez à fond ; le mouvement part du poignet, le bras reste souple.

Inspirez, tendez les jambes doucement, levez les bras sur les côtés jusqu'à la hauteur de l'épaule.

En expirant, pliez les genoux et baissez les bras, toujours en partant du poignet. Gardez les épaules baissées et détendues. Faites-le trois fois.

Exercice n° 18 : la danse de la grue
Debout, talons joints. Pointes des pieds écartées pour former un V, genoux souples.

Levez les bras doucement devant vous, coudes souples, comme si vous teniez un ballon dans les mains.

En expirant doucement, pliez les genoux et portez le poids du corps sur la jambe gauche, genou gauche toujours fléchi.

Inspirez en levant le pied droit, cuisse un peu écartée pour former une diagonale. Le genou monte à la hauteur de la hanche. En même temps, ouvrez les bras, tournez la tête vers la droite.

En expirant, abaissez lentement la jambe droite pour retrouver la position de départ.

Balancez le poids du corps sur la jambe droite et répétez le mouvement du côté droit. À faire trois fois de chaque côté.

Exercice n° 19 : prendre un bain de lumière
Respirez lentement et profondément. Placez-vous droit, pieds écartés à hauteur des hanches, genoux légèrement fléchis, bras le long du corps, paumes tournées vers l'extérieur. Visualisez un bain de lumière qui vous entoure.

En inspirant, levez les bras au ciel, mains tendues. Imaginez que vous soulevez des particules lumineuses, pliez les coudes, rassemblez les doigts au-dessus de votre tête, comme s'ils s'appuyaient sur la lumière. Visualisez votre corps, prenez conscience de votre énergie. En expirant, descendez doucement les mains devant vous, paumes tournées vers le sol, bouts des doigts qui se touchent presque. Visualisez la lumière qui entre, puis circule dans votre corps, organe par organe, jusqu'au bout de vos orteils. Faites cet exercice trois fois.

Vous voilà en forme pour commencer une bonne journée !

Lutter contre le stress

Tout un programme ! Nous avons déjà commencé à répondre à cette question avec l'exercice physique, qui en plus d'être anti-inflammatoire est un excellent antistress. Il existe d'autres armes pour retrouver une certaine sérénité : la pratique de la sophrologie et les massages. Nous évoquerons également les bonnes règles à suivre pour trouver ou retrouver un sommeil de qualité, l'insomnie étant une cause non négligeable de stress.

La sophrologie

C'est une technique qui aide à rééquilibrer le corps et l'esprit, en alliant la relaxation et la méditation.

Les objectifs sont les suivants :

– reprendre possession de son corps, trouver une harmonie à la fois physique et psychique ;
– positiver les événements, passés, présents et futurs ;
– devenir plus objectif, plus réaliste avec les événements de la vie ;
– personnaliser la technique pour chaque participant.

Il en existe deux méthodes. Les relaxations dynamiques de Caycedo, technique de groupe inspirée par le yoga ou le zen japonais. On la pratique debout ou assis sur une chaise. Il est aussi possible de suivre une séance individuelle fondée sur une approche spécifique de la personne et un travail destiné à renforcer l'estime de soi.

Antistress par excellence, la sophrologie s'adresse à tous, quel que soit l'âge, aux étudiants qui préparent leurs examens comme au chef d'entreprise débordé. Vous pouvez vous renseigner auprès de la Société Française de Sophrologie[1].

Les bienfaits des massages

Outre l'activité physique qui est déjà une puissante arme antistress, il existe d'autres techniques qui visent à le diminuer. Il n'est pas possible d'en faire une liste exhaustive. Alors nous avons choisi de vous faire voyager en Asie où le massage est un style de vie. Voici donc quelques rituels aujourd'hui pratiqués dans de nombreux instituts à Paris et en province qui vous permettront pendant quelques instants de vous évader d'une vie quotidienne trépidante et de vous relaxer.

Pourquoi se faire masser ?
Parce que les massages détendent et font donc partie intégrante d'une stratégie antistress. Pour mieux le comprendre, il faut savoir que la peau est l'organe sensoriel du corps le plus étendu et qu'elle

1. Société Française de Sophrologie – 24, quai de la Loire – 75019 Paris.
Tél. : 01 40 56 94 95 – contact@sophrologie-française.com

renferme de nombreuses terminaisons nerveuses que l'on peut, par le toucher, stimuler ou apaiser. Ces récepteurs sensitifs transmettent au cerveau les stimuli (messages) qui déclenchent la libération d'endorphines. Ces hormones, aux effets apaisants, réduisent le stress et calment la douleur. Le massage relance aussi la circulation sanguine, décontracte les muscles et facilite la digestion. Voici quelques idées de massage qui apportent de grands bienfaits dans une hygiène de vie anti-inflammatoire.

Le drainage lymphatique
Pour éliminer les toxines et relancer le système immunitaire.

Le système lymphatique est constitué de canaux et de glandes – au niveau du cou, des aisselles, de l'aine, de l'arrière des genoux – qui servent de filtre. C'est lui qui draine les nutriments et les déchets véhiculés entre le sang et les cellules. En effet, les déchets qui ne peuvent pas revenir directement dans la circulation sanguine, parce qu'ils ont un trop gros volume, s'accumulent dans le circuit lymphatique. Pour les éliminer, les ganglions produisent des lymphocytes, un type de globules blancs qui combat l'infection. On comprend donc que le système lymphatique joue un rôle important dans la lutte contre les infections et le développement de l'immunité. La preuve : les ganglions, surchargés de travail pendant une maladie, enflent et deviennent douloureux.

Un massage peut relancer cette circulation lymphatique, la stimuler pour que l'élimination soit plus efficace. À cet effet, le kinésithérapeute effectue des manœuvres douces en suivant du circuit lymphatique et des petites pressions de pompage sur les glandes (sous les bras, dans l'abdomen...).

En pratique : un bon massage doit être réalisé manuellement par un professionnel kinésithérapeute, formé à la technique.

Durée : 1 heure au minimum.

Le massage thaïlandais traditionnel

Pour débloquer les nœuds énergétiques responsables du stress, de la tension et des douleurs musculaires.

Ce massage est pratiqué depuis toujours en Thaïlande. Il fait partie de la médecine traditionnelle et doit être effectué par des professionnels.

En pratique : vous êtes étendu sur un matelas posé sur le sol. Vous êtes couvert d'une blouse et le masseur vous masse à travers le linge. Il utilise ses pouces, ses genoux, ses coudes, ses pieds pour effectuer des pressions douces et des étirements. L'ensemble du corps et tous les canaux énergétiques qui le parcourent sont traités, en finissant par le cou et la tête. On peut utiliser un petit ballot d'herbes aromatiques chaudes pour relâcher les zones de tension.

Durée : 1 à 2 heures.

Le massage ayurvédique

Pour faire circuler l'énergie et purifier le corps.

Du mot sanskrit *ayurveda*, «science de la vie», ce rituel ancestral venu de la médecine indienne utilise des huiles chauffées à des fins quasi-thérapeutiques. Il existe un massage pour chaque *dosha* : les *dosha* – Vata, Pitta et Kapha – sont les caractéristiques de chaque personne préalablement diagnostiquées par le thérapeute. Ce massage implique donc de connaître les bases de la médecine ayurvédique.

En pratique : vous ne gardez que vos sous-vêtements et vous vous étendez sur une table de massage ou sur un tapis de sol. Le masseur verse de l'huile sur votre corps et pratique palpations et pressions pour vous détendre et améliorer la circulation sanguine.

Durée : 45 minutes au minimum.

Le massage aux pierres chaudes
Pour réchauffer et détendre les muscles.

Depuis des siècles, les shamans (sorciers) de l'Himalaya utilisent des pierres trouvées dans les rivières pour pratiquer leurs traitements.

En pratique : le masseur pose les pierres chaudes sur le lieu des chakras (centres énergétiques). Ces pierres chauffées provoquent un état de profonde relaxation permettant de chasser le stress et de dissiper les tensions musculaires. Ensuite, le praticien se sert de ces mêmes pierres pour effectuer le massage du corps entier.

Durée : 45 minutes.

Le shiatsu
Pour éliminer les tensions et chasser la fatigue.

L'idée est de reprendre la théorie de l'acupuncture, mais sans les aiguilles. C'est un massage originaire du Japon. Le praticien appuie sur des zones bien précises du corps pour libérer les tensions. Cela peut donc être un peu douloureux pour certaines personnes. On peut presque le qualifier de « massage thérapeutique ».

En pratique : vous restez habillé, allongé sur un matelas posé sur le sol. La séance peut être réalisée en position assise également. Le praticien (qui doit avoir suivi une formation) exerce des pressions sur le corps et des étirements.

Durée : environ 1 heure.

Il ne vous reste plus qu'à dégager une petite plage dans votre emploi du temps pour goûter ces moments de relaxation.

Trouver un sommeil de qualité

L'importance de l'alimentation
L'insomnie favorise l'inflammation chronique, via le stress qu'elle engendre. Multifactorielle, elle n'est pas uniquement due à un

déséquilibre alimentaire, toutefois certaines mesures diététiques peuvent améliorer le sommeil. Et ces mesures sont en parfait accord avec l'alimentation anti-inflammatoire.

Deux neurotransmetteurs (médiateurs du cerveau) jouent un rôle essentiel dans la qualité du sommeil. Il s'agit de la sérotonine et de la mélatonine. La sérotonine favorise l'endormissement et l'entrée dans les trois phases de sommeil lent (celles de la récupération physique) et dans le sommeil paradoxal (récupération intellectuelle). La sérotonine se transforme en mélatonine qui régule le rythme éveil/sommeil.

La sérotonine est une protéine. Pour la synthétiser, le cerveau a besoin d'un acide aminé essentiel, le tryptophane. La composition des repas influe sur la concentration des acides aminés dans le sang. Un repas riche en glucides et faible en protéines déclenche une augmentation du taux de tryptophane dans le sang, donc son passage dans le cerveau à travers la barrière hémato-encéphalique. Au contraire, si le dîner est trop riche en protéines, c'est un autre acide aminé, la tyrosine, qui augmente dans le sang, puis dans le cerveau. Or, la tyrosine donne naissance à la dopamine, un neurotransmetteur responsable d'une plus grande activité (et d'une certaine agressivité).

Il est donc souhaitable de consommer des glucides pour favoriser le sommeil. Il faut, en outre, les choisir avec un index glycémique bas, car les aliments ayant un index glycémique élevé déclenchent une forte sécrétion d'insuline responsable de l'hypoglycémie, défavorable à l'endormissement.

Les graisses sont elles aussi nécessaires, mais sans excès. Évitez les repas trop copieux le soir et privilégiez les oméga-3.

Enfin, si les protéines ne sont pas recommandées en grande quantité, il est cependant possible de consommer des protéines d'origine végétale.

Bien sûr, pour améliorer l'endormissement, les excitants (caféine ou excès d'alcool) sont à proscrire.

Et, pour vous donner un maximum de chances de bien dormir, il est nécessaire de respecter un certain nombre de règles.

Chouchoutez votre environnement
Bonne literie, lumière douce, ni télévision ni bruits parasites, chambre fraîche et bien aérée sont les prérequis du bon sommeil. Commencez par là.

Calez vos rythmes
Le sommeil est composé de cycles : au début, un cycle de sommeil profond pendant lequel on récupère physiquement, suivi d'un cycle de sommeil paradoxal pendant lequel l'esprit se répare, classe, analyse, mémorise. Le secret pour se sentir reposé au réveil ? Dormir des cycles complets. Commencez par calculer la durée de vos cycles de sommeil. Notez les premiers signes d'endormissement : vous bâillez, vous perdez de l'intérêt pour ce qui se passe autour de vous. Après ce « coup de barre », l'énergie vous revient. Laissez passer et notez à nouveau le prochain « coup de mou ». En général, un cycle dure 1 h 30 à 2 heures. Une fois le calcul effectué, apprenez à vous coucher au début d'un cycle et à régler la sonnerie du réveil à la fin d'un cycle.

Faites baisser la température
C'est une légère chute de température qui déclenche l'endormissement. Alors évitez tout ce qui réchauffe avant d'aller au lit : l'alcool et le sport après 21 heures, car ils favorisent les réveils nocturnes qui hachent le sommeil et donnent naissance à une situation de fatigue chronique. Préférez une séance de yoga ou de taï chi (voir p. 148 et 149) qui relâche les tensions et apaise l'esprit. Le bain chaud est à proscrire (trop énergisant) ; la température de l'eau ne doit pas dépasser 36 °C avant le coucher.

Fuyez les nuits blanches
Le cerveau active les pensées et les mouvements par l'intermédiaire de modulateurs qui donnent des ordres aux différentes parties du

cerveau impliquées. Le problème est que ces modulateurs, eux, sont très fatigables. Quand ils sont épuisés, ils ne régulent plus les émotions et ouvrent la porte au stress, au bouleversement des émotions, à la mauvaise humeur... C'est ce qui vous guette après une nuit blanche. Au contraire, rechargez quotidiennement vos modulateurs en dormant à heure fixe pour vous assurer bonne forme et équilibre nerveux.

Évitez les médicaments

À moins d'une ordonnance d'un spécialiste du sommeil, ne vous laissez pas prendre dans le cercle infernal des somnifères : ils désorganisent les cycles du sommeil, entraînent des troubles de mémoire et créent une vraie dépendance. D'ailleurs, selon les centres de rééducation du sommeil, la guérison de la plupart des insomniaques commence par une désintoxication aux tranquillisants, somnifères et autres psychotropes.

Consultez si...

70 % des troubles du sommeil viennent de microréveils nocturnes dus à des pauses respiratoires (apnées du sommeil) avec ou sans ronflement, à des gigotements des jambes (impatiences)... Ne vous laissez pas envahir par ces désagréments. Consultez.

S'occuper de sa peau

La place de la cosmétologie dans l'inflammation chronique et silencieuse

Parler de cosmétologie anti-inflammatoire serait ambigu, car cela évoquerait plutôt les traitements médicamenteux prescrits par les dermatologues à leurs patients atteints de maladies dermatologiques inflammatoires. Ce n'est pas du tout notre propos. Il s'agit plutôt de s'interroger sur l'impact éventuel de produits de beauté anti-âge sur l'inflammation chronique responsable du vieillissement accéléré des cellules de la peau. On trouve des produits de soin à la pomme, dont l'extrait est riche en acides de fruits, à la carotte au contenu riche en caroténoïdes, ou encore au citron, au lait de soja, à l'arbutine, à l'extrait de dattes, au thé vert, au blé et bien d'autres qui se prévalent d'un effet antioxydant et/ou anti-inflammatoire.

Le résultat est-il quantifiable pour tous ces produits?
Nous avons posé la question à Natacha Dzikowski, avec qui j'ai collaboré, lorsqu'elle était directrice de l'image chez Séphora, à l'élaboration des menus de «La beauté est dans l'assiette». Pour elle, tout commence avec une bonne utilisation des cosmétiques.

« Aucune crème au monde ne vous redonnera la peau rebondie et rosée de vos 18 ans, aucun sérum n'effacera le temps qui passe... mais une discipline quotidienne, des produits adaptés aux besoins de votre peau et beaucoup d'estime de soi... L'âge est avant tout une affaire d'éclat et de lumière. Lumière du regard, lumière du teint... Combien d'années gagnées pour celles qui savent que le premier capital jeunesse est la qualité de la peau. Et là, pas de mystère, c'est un entretien régulier, une attention de tous les jours.

Aucune crème ne pourra réparer les méfaits irréversibles du soleil, du tabac, de l'alcool et d'une mauvaise alimentation. Le sucre est le meilleur allié des rides, le tabac étouffe la peau et l'empêche de respirer, l'alcool attaque et fragilise le réseau des capillaires sanguins et le soleil attaque en profondeur ses systèmes de défense en intensifiant la production de radicaux libres.

Une peau éclatante est une peau bien oxygénée, bien hydratée de l'intérieur. L'inflammation chronique est un processus insidieux qui bloque les mécanismes d'autorégulation de l'organisme, l'empêchant d'exercer ses mécanismes de régulation interne. Regardez-vous bien : si le dessus de vos sourcils est gonflé ou rouge, si vous avez des poches sous les yeux ou un sillon nasogénien marqué, il faut commencer par détoxifier. Rien ne sert d'apporter de l'eau et des nutriments à la peau de l'extérieur sans préparer le terrain interne.

Première étape : la détoxification

Elle se fera conjointement avec celle de votre organisme. Pendant cette phase, l'organisme va procéder à un rejet de toutes les particules nocives qui se sont accumulées progressivement. Dans un premier temps, la peau va être sollicitée et il n'est pas rare de voir apparaître des boutons, de la desquamation, des rougeurs, des irritations... Poursuivez, vous êtes sur la bonne voie. Pendant cette période, abandonnez vos produits cosmétiques habituels et privilégiez un rituel simple à base de produits spécifiques pour peaux sensibles sans parabène.

Deuxième étape : un bilan des besoins et des carences de l'organisme

Pas de boule en cristal, mais l'établissement par votre nutritionniste ou médecin généraliste d'un éventuel programme de compléments alimentaires.

Troisième étape : les cosmétiques topiques

1. Privilégiez l'hydratation. Une belle peau est avant tout une peau hydratée.

Une hydratation qui ne soit pas de surface, mais en profondeur. Pour ce faire, privilégiez les boosters d'hydratation à base d'acide hyaluronique.

2. Nourrissez la peau en consommant des aliments riches en antioxydants : vitamines C, A et E.

3. Adoptez un rituel de jour et un rituel de nuit différents. Le jour, la peau a besoin de protection et la nuit de régénération. Ce ne sont ni les mêmes ingrédients ni les mêmes textures.

4. Respectez les zones fragiles : les yeux doivent faire l'objet d'une attention particulière ; la peau y est plus fine, les sollicitations nerveuses complexes.

Mais tous ces conseils et cette discipline ne servent à rien sans estime de soi.

Retenez qu'une belle peau est la clé de l'allure et de la confiance en soi. Elle demande une discipline de tous les jours, à la fois alimentaire et cosmétique.

La volonté est le meilleur allié de la jeunesse.»

Qu'en est-il des conservateurs?

Protéger sa peau, c'est avant tout éviter tout ce qui peut être pro-inflammatoire (tabac, sucre, pollution...). C'est aussi hydrater sa peau avec des crèmes. Mais que penser de ces études qui se multiplient et montrent que certaines molécules contenues dans les produits de beauté peuvent être allergisantes ou toxiques, voire cancérigènes? Quelles sont les substances à éviter dans un cosmétique?

Destinés d'abord à éviter la prolifération des bactéries dans la crème et à prévenir le rancissement du produit, certains conservateurs ont déclenché de véritables polémiques ces dernières années.

La bombe a éclaté en 2004 avec l'étude de P. Darbre, de l'université de Reading en Grande-Bretagne, parue dans le *Journal of Aplied Toxicology*. Trois articles stipulaient que des substances chimiques présentes dans les déodorants auraient un lien avec le cancer du sein, que des conservateurs, des parabènes sont présents dans des biopsies du tissu mammaire et concluent à une relation entre ces parabènes et le cancer du sein.

À la suite de ces publications, l'Agence Française de Sécurité Sanitaire des Produits de Santé (AFSSAPS) a mis en place une commission de cosmétologie pour étudier le potentiel pro-cancérigène des parabènes. Le 29 septembre 2005, elle a maintenu l'utilisation, aux conditions prévues par la directive européenne (76/768/CE), de quatre des cinq parabènes les plus utilisés (sous réserve d'études complémentaires confirmant l'absence de risques). Progressivement, les fabricants ont retiré le parabène de leurs produits. Le risque vient en fait de l'accumulation de plusieurs parabènes dans l'organisme. L'UFC-Que Choisir propose d'éviter d'utiliser les parabènes en attendant de nouvelles études.

Les différentes appellations des parabènes sur les étiquettes des crèmes

Terme scientifique français	Nomenclature internationale (INCI)
paraoxybenzoate de méthyle	methylparaben
paraoxybenzoate d'éthyle	ethylparaben
paraoxybenzoate de propyle	propylparaben
paraoxybenzoate d'isopropyle	isopropylparaben
paraoxybenzoate de butyle	butylparaben
paraoxybenzoate d'isobutyle	isobutylparaben

Il n'y a pas que des parabènes dans les produits de beauté On y trouve aussi du phénoxyéthanol qui sert de solvant aux parabènes. C'est une substance allergisante, mais autorisée par la législation avec une concentration maximale de 1 % en tant que conservateur.

Les produits de beauté peuvent aussi contenir de l'aluminium. En surdose, on le soupçonne d'être neurotoxique, donc responsable de maladies neurologiques (telle la maladie d'Alzheimer). Une étude est en cours pour confirmer ou non ces soupçons. En attendant, il faut savoir que ce sont les peelings, les démaquillants, les vernis à ongles et surtout les déodorants qui sont susceptibles de contenir des sels d'aluminium (ils sont employés, dans ce dernier cas, pour bloquer le fonctionnement des glandes sudoripares).

Aujourd'hui, même en grande surface, vous trouverez des produits sans sels d'aluminium. N'hésitez pas à les acheter.

Enfin, une liste officielle référence les conservateurs autorisés.

Liste officielle des conservateurs utilisés en cosmétologie

Conservateur	Concentration maximale autorisée	Observations
Methylchloroiso-thiazolinone	0,0015%	Allergène reconnu
Methyldibromo glutaronitrile	0,1% Allergène reconnu	
Chlorhexidine digluconate	0,3%	Allergène
Formaldéhyde		La mention «contient du formaldéhyde» doit être indiquée sur l'emballage dès que la concentration dépasse 0,05%. Il est allergisant et serait potentiellement cancérigène.
Libérateurs ou séparateurs de formaldéhyde		Fort pouvoir allergisant et cancérigène
Triclosan	0,3% (en tant que conservateur)	Soupçonné de rendre les bactéries résistantes aux antibiotiques et d'être un perturbateur endocrinien

Pour autant, il n'est pas nécessaire d'être obsessionnel ou dogmatique. Ces produits permettent de bien conserver les produits, de les parfumer, de les rendre plus faciles d'emploi. Nous respirons tous les jours des substances toxiques et nous ne souhaitons pas vivre sous cloche. En outre, certaines substances naturelles sont, elles aussi, allergisantes. Restons donc raisonnables.

En revanche, il est vrai qu'utiliser des produits bio peut être meilleur pour la santé, dans la mesure où l'on ne rajoute pas de toxiques à ceux que l'on inhale ou avale de manière involontaire. Les cosmétiques dits «bio» respectent la peau et son équilibre naturel et présentent moins de risque d'être allergisants, en plus de leur avantage éthique puisqu'ils sont censés mieux préserver la nature.

La cosmétique bio

Une cosmétique sans conservateur? Pas vraiment puisqu'il faut bien conserver la stabilité et la stérilité du produit, mais l'utilisation d'ingrédients naturels, la vitamine E, la vitamine C, des huiles essentielles bactéricides, des extraits de pépins de pamplemousse... Et les produits bio ne sont censés contenir ni parabène, ni phénoxyéthanol.

La jungle des labels «bio» : ce qu'il faut savoir

En France, il existe plusieurs labels bio : BDIH, Cosmebio, Nature et progrès.

Mais, sur les étagères des parfumeries, ces labels, qui ont des chartes différentes, en côtoient d'autres, européens ou américains, qui répondent à des normes encore différentes. La tendance est donc à essayer de trouver un terrain d'entente pour que le consommateur s'y retrouve.

En attendant, sachez que la mention «bio» signifie que le produit obéit à un cahier des charges strict (même si cela ne signifie pas forcément que 100% du produit est bio!). Les produits labellisés ne contiennent pas non plus d'ingrédients issus de la pétrochimie – paraffine, silicone, PEG (Polyéthylène Glycol) – ni d'OGM et ils n'ont pas subi de traitements ionisants.

Des cosmétiques à privilégier

Il existe bien des produits de beauté qui contiennent des molécules ayant une action contre l'inflammation chronique. Ainsi on trouve des crèmes contenant les composants énumérés ci-dessous.

La vitamine C antioxydante

Elle stimule la production de collagène, accélère le pouvoir de réparation, et agit en synergie avec une autre vitamine antioxydante, la vitamine E.

171

Le coenzyme Q10

C'est aussi un antioxydant dont le corps manque avec l'âge. Il existe en complément alimentaire et se glisse depuis quelques années dans de nombreuses crèmes anti-âge.

Les polyphénols

L'un des plus efficaces est le resvératrol, dont les effets anti-âge commencent à être reconnus. Mais tous les polyphénols sont bons à prendre. Extraits du raisin, des fruits rouges, du thé, ils renforcent les défenses de la peau contre les agresseurs inflammatoires : UV et radicaux libres. Seul bémol, ils sont fragiles et réclament des trésors de compétence pour être insérés dans un cosmétique, ce qui en augmente le prix !

L'acide hyaluronique

Ce n'est pas un anti-inflammatoire à proprement parler, c'est un puissant hydratant. Et une peau bien hydratée est une peau qui se défend bien. Indispensable quand on sait que, au fil des agressions, nos réserves naturelles s'épuisent, l'oxygène se raréfie au niveau cellulaire, ce qui provoque une asphyxie de la peau qui, moins bien irriguée, se fragilise.

L'acide alpha-lipoïque

C'est un puissant antioxydant, chouchou des dermatologues américains, comme le Dr Nicholas Perricone. On l'a surnommé l'« antioxydant universel ». Son action est d'autant plus forte qu'elle renforce l'efficacité d'autres antioxydants, comme la vitamine E, la vitamine C et le glutathion. On lui donne la faculté de piéger les métaux toxiques qui peuvent être présents dans les cellules (arsenic, cadmium, mercure).

Vous avez mis tous les atouts de votre côté. Vous connaissez désormais tous les tenants et aboutissants d'un mode de vie anti-inflammatoire. Mais, il peut (et il va) arriver que vous ne puissiez suivre toutes ces recommandations. Les fiches pratiques, présentées dans la partie suivante, sont un atout supplémentaire pour adapter l'alimentation anti-inflammatoire à la vie quotidienne.

Fiches pratiques

Les 100 aliments anti-inflammatoires

Nous avons choisi 100 aliments pour vous aider à construire votre propre programme anti-inflammatoire. Vous avez là une véritable opportunité de changer vos habitudes alimentaires en ayant une alimentation variée, une alimentation bien-être qui vous permettra de retrouver la forme et d'être assuré de mieux gérer votre santé.

Le tableau suivant reprend les catégories d'aliments et leurs composants anti-inflammatoires.

Aliments	Principaux nutriments anti-inflammatoires
Poissons gras	oméga-3 vitamines oligoéléments
Viandes blanches	vitamines oligoéléments
Huiles	oméga-3 acides gras monoinsaturés vitamines
Oléagineux et graines oléagineuses	oméga-3 acides gras monoinsaturés vitamines fibres
Céréales et légumineuses	vitamines phytonutriments fibres oligoéléments

Fruits et baies	vitamines phytonutriments fibres oligoéléments
Légumes	vitamines phytonutriments fibres oligoéléments
Herbes	vitamines oligoéléments phytonutriments
Épices	principes actifs anti-inflammatoires
Boissons antioxydantes	phytonutriments vitamines
Chocolat	phytonutriments oligoéléments
Laitages aux probiotiques	probiotiques vitamines oligoéléments
Algues	vitamines fibres oméga-3 phytonutriments

Consultez le lexique suivant pour élargir la gamme de vos choix alimentaires. Vous y trouverez une mine d'informations et de petites anecdotes pour manger malin.

Les poissons

L'anchois
Petit poisson bon marché, l'anchois est un poisson gras qui contient des oméga-3. Ses autres atouts : du phosphore, du fer, de la vitamine B12 et 100 % des apports nutritionnels conseillés en vitamine PP (pour 100 grammes d'anchois). La vitamine PP intervient dans de nombreuses réactions enzymatiques indispensables au bon fonctionnement cellulaire (croissance, énergie, respiration) et participe au bon maintien de la peau.

L'idéal est de le consommer frais pour bénéficier de tous ses atouts nutritionnels. Si vous l'achetez en conserve, consommez le jus pour limiter les pertes de nutriments. Si vous le choisissez au sel, il faut le rincer avant de le consommer. Méfiez-vous des anchois à l'huile si vous faites attention à votre poids.

La crevette

La crevette est riche en oméga-3. Il y a même quinze fois plus d'oméga-3 que d'oméga-6 dans les crevettes nordiques (pêchées en Atlantique Nord-Ouest). C'est une source de protéines de haute qualité biologique. Au plan anti-inflammatoire, outre les oméga-3, la crevette contient de l'astaxanthine, un caroténoïde responsable de sa couleur orangée, du coenzyme Q10, puissant antioxydant tout comme le sélénium, présent en quantité non négligeable. Enfin, si vous faites attention à votre ligne, sachez qu'elle est peu calorique. Attention cependant : elle n'est pas dépourvue de cholestérol et sa consommation doit être limitée si vous présentez une hypercholestérolémie (augmentation du taux de cholestérol dans le sang).

Le hareng

Encore un poisson gras qui contient beaucoup d'oméga-3, mais également du phosphore et beaucoup de vitamine B12. Très peu coûteux, il change de saveur selon les saisons. C'est d'octobre à janvier qu'il est le plus gras, donc le plus savoureux.

La meilleure manière de le cuire pour lui conserver tous ses atouts nutritionnels est la vapeur. Mais vous le trouverez aussi sous d'autres formes : hareng saur, salé ou conservé dans l'huile ; rollmops, farci d'un cornichon, mariné dans du vinaigre et des aromates ; en conserve, dans du citron ou du jus de tomate ; ou encore surgelé. C'est frais ou surgelé qu'il conserve le plus de qualités nutritionnelles.

L'huître

L'huître est la reine du zinc, et son action anti-inflammatoire n'est plus à prouver. Elle contient aussi du cuivre et des protéines de haute qualité. Elle est très peu calorique et a donc toute sa place dans une alimentation diététique. Les personnes présentant une hypertension artérielle, surtout si elle n'est pas équilibrée, doivent toutefois savoir que l'huître, en raison de son apport non négligeable en sodium, ne leur est pas recommandée.

L'huître est le produit de saison par définition, à consommer entre septembre et avril (les mois en «r»). Vous n'avez que l'embarras du choix : creuses de Bretagne, spéciales d'Oléron ou du bassin d'Arcachon.

Le maquereau

Reconnu comme une excellente source d'oméga-3, le maquereau apporte également les acides aminés indispensables à l'organisme pour fabriquer ses propres protéines. Il est aussi une bonne source de phosphore, de magnésium et de sélénium. Les vitamines B et D sont particulièrement bien représentées.

Son faible coût en fait un aliment facile à intégrer dans les menus quotidiens.

La sardine

La sardine est un poisson de petite taille péché en Méditerranée et dans l'Atlantique Nord. Poisson gras par excellence grâce à sa richesse en oméga-3, il n'est pourtant pas particulièrement calorique (118 calories pour 100 grammes), à condition bien sûr de ne pas le choisir à l'huile (même si vous l'égouttez !).

C'est une bonne source de protéines de haute qualité biologique. Elle contient aussi de la vitamine D, de l'iode, du fer, du zinc et du cuivre.

Son prix reste très abordable. C'est l'été qu'il est le plus facile de la trouver fraîche.

Le saumon

Le saumon doit son effet anti-inflammatoire à la présence des acides gras oméga-3, mais aussi au sélénium antioxydant, au zinc, au cuivre et à un peu de vitamine E. Sachez qu'il est aussi une bonne source de protéines de haute qualité biologique, de phosphore et de vitamines B et D.

Faut-il acheter le saumon sauvage ou d'élevage ? La question ne se pose pratiquement plus, puisqu'il y a peu de saumons sauvages en vente sur les étals des poissonniers, en France en tout cas. C'est regrettable, car il est plus riche en oméga-3 (EPA et DHA) que le saumon d'élevage que l'on trouve facilement. Vérifiez tout de même qu'il n'est pas élevé aux céréales qui augmentent sa teneur en oméga-6 pro-inflammatoires.

Qu'il soit sauvage ou d'élevage, on peut se demander si le saumon contient de fortes concentrations en contaminants environne-mentaux puisqu'il vit ou est élevé dans l'Atlantique Nord, qu'on ne peut pas vraiment qualifier de « mer propre ». Selon une étude dévoilée en 2004[1] par des chercheurs québécois, il semblerait que ces concentrations soient relativement peu importantes, pour les deux types de saumons. Les éleveurs norvégiens affirment que la présence éventuelle de contaminants dans leurs poissons est bien en deçà des normes européennes.

En France, l'AFSSA maintient son conseil de consommer des poissons gras au moins deux fois par semaine.

Le thon

C'est le thon rouge qui est le plus riche en oméga-3. Mais l'espèce est menacée et la Commission Internationale pour la Conserva-tion des Thonidés de l'Atlantique (CICTA) a adopté, en novembre 2009, un nouveau plan de gestion de la pêche au thon rouge en

---

1. C. Blanchet et al., « Rapport final », Unité de recherche en Santé Publique, Centre de recherche du CHUL (CHUQ) et Institut national de santé publique du Québec, 21 décembre 2004.

réduisant les quotas de pêche de 40%. Et il est fort à parier que cette pêche sera de plus en plus réduite avec le temps. Le thon blanc reste intéressant, même s'il en contient nettement moins. Il apporte aussi tous les acides aminés essentiels, des vitamines B, du phosphore, du sélénium, de la vitamine A et de la vitamine D.

Il faut toutefois apporter un bémol à ces nombreuses bénéfices nutritionnels : le thon, gros poisson par excellence, présente un certain risque de contenir du mercure, un contaminant extrêmement nocif pour la santé. Ce n'est pas un cas isolé puisque d'autres gros poissons comme l'espadon peuvent également être contaminés. Mais ce n'est quand même pas une raison de l'exclure, car on est en deçà du maximum autorisé. On le déconseille juste aux femmes enceintes par principe de précaution.

C'est frais ou surgelé qu'il apporte tous ses bénéfices nutritionnels. Le thon en boîte n'est pas du thon rouge. En général, c'est du thon Germon, un thon blanc, ou du thon jaune, le thon Albacore.

La truite
La truite n'a pas toujours la même composition en graisses. C'est de la fin du printemps jusqu'au début de l'automne qu'elle en contient le plus (et ce sont principalement des oméga-3). Les chercheurs ont noté que les truites sauvages sont plus riches en oméga-3 que celles d'élevage. Les oméga-3 varient aussi selon la race : la truite saumonée contient autant de DHA (acide docosahexaénoïque) que d'EPA (acide éicosapentanoïque) ; la truite arc-en-ciel, a deux fois plus de DHA que d'EPA. Reportez-vous à la partie sur les oméga-3 (voir p. 56) qui explique la puissante action anti-inflammatoire de ces deux acides gras.

Comme les autres poissons, la truite est une excellente source de protéines. Elle contient aussi de la vitamine B12, du phosphore, du magnésium, du zinc, du fer et du sélénium, tous anti-oxydants.

Les viandes

La pintade

Peu calorique (150 calories pour 100 grammes), elle contient, comme le poulet, des protéines de haute qualité biologique, peu de graisses, des vitamines B et des minéraux, en particulier du magnésium, du phosphore, du potassium et du calcium. C'est une viande peu riche en graisses (ce sont surtout des acides gras insaturés, mono-insaturés et oméga-6).

Si elle n'est pas réellement anti-inflammatoire, elle peut le devenir cuisinée avec du curcuma ou des citrons confits et servie avec une salade assaisonnée d'huile de colza, riche en oméga-3. C'est un bon moyen d'améliorer le rapport oméga-6/oméga-3.

Le poulet fermier

Le poulet est considéré comme une viande maigre. Son apport en graisses (surtout insaturées) est inférieur à celui des viandes rouges. Parmi celles-ci, les acides gras monoinsaturés (comme dans l'huile d'olive) sont le mieux représentés. Certains éleveurs augmentent la quantité d'acides gras oméga-3 en nourrissant les poulets avec des graines de lin. Le poulet est une excellente source de protéines de haute qualité biologique. Il contient des vitamines B, du zinc antioxydant, du fer et du phosphore. Les grands-mères connaissent depuis toujours le «bouillon de poule» pour lutter contre le rhume. Des études sont consacrées à son effet anti-inflammatoire.

Pour le choisir, il existe différents labels. Le bio indique que les normes de l'agriculture biologique sont respectées avec un élevage en plein air et une alimentation à base de produits végétaux biologiques (à 90 %). L'Appellation d'Origine Contrôlée indique la zone géographique et garantit notamment une alimentation en plein air. Le label rouge est un indicateur de qualité. Si le poulet a été nourri avec des graines de lin, on l'indique généralement sur l'étiquette.

181

Les céréales et les légumineuses

Les féculents mentionnés dans les pages suivantes ne sont traditionnellement pas considérés comme des aliments anti-inflammatoires. Nous avons souhaité les inclure pour deux raisons : tout d'abord, parce que leur index glycémique est relativement bas et nous avons insisté sur l'importance de cet index dans l'alimentation anti-inflammatoire (voir p. 41) ; d'autre part, parce que les féculents – excellente source de glucides, le fuel de l'organisme – font partie de l'équilibre alimentaire.

La fève
Pratiquement toutes les vitamines du groupe B, du potassium et du magnésium figurent au menu avec la fève. C'est un aliment très complet avec des protéines, des glucides et beaucoup de fibres. Sa teneur en vitamine C est exceptionnelle pour une légumineuse, proche de celle des légumes verts. Fraîche, elle est beaucoup moins calorique qu'on ne l'imagine (60 calories pour 100 grammes).

On la mange fraîche ou en légume sec. Si vous préférez la version fraîche, il faut d'abord écosser la gousse contenant les graines, comme on le fait avec les petits pois frais. Il faut ensuite enlever la seconde peau, celle de chaque graine. Pour gagner du temps, trempez-la dans de l'eau bouillante pendant 30 secondes, puis passez-la sous une eau glacée. Si vous choisissez les fèves sèches, il faut les faire tremper toute une nuit avant de leur enlever leur seconde peau.

Le haricot blanc
Plutôt calorique avec 135 calories pour 100 grammes, le haricot blanc cache des trésors nutritionnels : des protéines, des glucides, des vitamines antioxydantes A et C et beaucoup de fibres.

Ce sont elles d'ailleurs, ainsi que la présence de soufre, qui peuvent être à l'origine de ballonnements chez les personnes ayant un côlon irritable. En le faisant cuire à l'eau et en le rinçant, on peut minimiser ces symptômes.

La lentille
En plus de son faible index glycémique (surtout pour la lentille corail), elle contient une bonne quantité de protéines végétales, précieuses pour les végétariens, ainsi que des vitamines B, du calcium, et sept fois plus de fer que les épinards !

À retenir : la lentille verte, typiquement française, possède quatre fois plus de fibres que le riz ou les pâtes.

Le pain aux céréales
Le pain n'est pas considéré comme un aliment anti-inflammatoire, mais il contient des fibres et son index glycémique est relativement bas (45). Le pain de seigle et le pain de son sont deux des autres options. Ce dernier, cependant, peut être mal toléré par les personnes au côlon fragile.

Et voici une occasion de lutter contre une idée reçue : le pain complet a un index glycémique élevé, pas si éloigné de celui du pain blanc qui pourtant figure parmi les plus élevés ! C'est pourquoi il ne fait pas partie de nos choix anti-inflammatoires.

Les pâtes complètes ou semi-complètes
Les pâtes ont un index glycémique bas si elles sont cuites *al dente*. On évite, en revanche, celles à cuisson rapide qui voient leur index glycémique grimper. Nous vous conseillons les pâtes complètes ou semi-complètes, car elles apportent plus de fibres.

Le pois chiche
Si l'on veut conserver son effet anti-inflammatoire, mieux vaut le consommer au naturel. Il n'apporte pas tous les acides aminés essentiels, mais il nous intéresse pour son contenu en fibres et son goût qui permet de varier les saveurs.

Il est célèbre au Moyen-Orient où l'on en fait du houmous ou des boulettes frites, les falafels. Mais ce type de préparation n'est pas vraiment anti-inflammatoire ! Il est conseillé de le faire tremper quelques heures pour pouvoir le cuire plus facilement.

Le quinoa

Ce n'est pas vraiment une légumineuse, mais une plante proche de la famille des betteraves et des épinards. Ses qualités nutritionnelles étant beaucoup plus proches de celles des légumineuses, elle figure ici. Le quinoa est très riche en protéines qui apportent tous les acides aminés essentiels. Voici encore un produit de choix pour les végétariens. Il contient aussi du magnésium, des vitamines B, C et E.

Pour éviter qu'il n'ait un goût amer, il suffit de le rincer avant de le manger. Par ailleurs, évitez le quinoa à cuisson rapide qui a un index glycémique beaucoup trop élevé pour être anti-inflammatoire.

Le riz complet

Il y a riz et riz. C'est le riz brun ou riz complet qui présente les meilleures qualités nutritionnelles. Les couches de son sont conservées et il garde une plus grande teneur en vitamines – en particulier B1, mais aussi PP – et en fibres que le riz blanc. Son index glycémique est correct, aux alentours de 50, alors que celui du riz blanc approche 60. Le riz à cuisson rapide a, quant à lui, un index glycémique encore plus élevé ! Et rappelons que le riz sauvage n'est pas du riz à proprement parler, mais la graine d'une plante aquatique.

Les légumes

Ils sont tous peu caloriques, riches en fibres et en vitamines, parfaits alliés d'une alimentation anti-inflammatoire. Nous aurions pu tous les citer, mais nous avons choisi de ne faire figurer ici que ceux que l'on retrouve le plus souvent dans la littérature anti-inflammatoire.

Les légumes jaunes, orange ou rouges

Riches en vitamine C, en bêta-carotène et autres caroténoïdes.

La carotte

C'est sa forte teneur en bêta-carotène qui lui confère cette belle couleur orangée. Longtemps maltraitée, car on la pensait trop sucrée, la carotte, même cuite, a en fait un index glycémique bas. En plus, elle est très économique. Légèrement revenue avec de l'huile d'olive, du thym et de la sauge, elle a un véritable potentiel anti-inflammatoire.

Les courges : le potiron, le butternut, la courgette, le potimarron...

Les courges sont très riches en caroténoïdes dont le bêta-carotène, la lutéine et la zéaxanthine dont nous avons évoqué le rôle dans le cadre de la prévention du stress oxydatif au niveau de l'œil (voir p. 53). Elles apportent aussi du calcium, du magnésium et de la vitamine C. Elles ont des fibres, sont peu caloriques avec un index glycémique relativement bas. Elles sont la parfaite définition de l'aliment anti-inflammatoire.

Essayez la courge spaghetti (voir Astuce p. 115) : succès assuré !

La patate douce

La patate douce apporte des antioxydants, surtout celle de couleur pourpre qui contient des pigments aux vertus antioxydantes, les anthocyanines, et des acides phénoliques également antioxydants (en quantité relativement plus élevée dans la peau que dans la chair). On y trouve aussi du bêta-carotène.

On cite la patate douce pour son action dans la prévention des cancers du sein, de la vésicule biliaire et du côlon[1]. Des études lui attribuent un meilleur contrôle de l'équilibre glycémique chez le diabétique[2] et une baisse du mauvais cholestérol (le cholestérol LDL[3]). Cependant, il est encore trop tôt pour se prononcer sur un éventuel effet bénéfique chez le diabétique, la patate douce comportant tout de même beaucoup de sucres. Elle est aussi relativement calorique : 110 calories pour 100 grammes.

Le poivron

Des flavonoïdes, principalement de la quercétine, sont présents dans le poivron. C'est dans la peau qu'on en trouve le plus. Un bémol cependant : certains intestins peuvent facilement être irrités par la consommation de cette peau.

Les poivrons rouges possèdent aussi des contenus élevés en bêta-carotène et en bêta-cryptoxanthine, des composés précurseurs de vitamine A dans l'organisme, ainsi qu'en différentes xanthophylles et même du lycopène, un puissant antioxydant, jouant un rôle dans la protection de l'œil. C'est enfin l'une des meilleures sources en vitamine C dont le taux est deux fois plus élevé dans les poivrons rouges que dans les verts.

On évoque le poivron dans la prévention de certains cancers.

La tomate

Elle est particulièrement riche en lycopène, un antioxydant dont les chercheurs ont évoqué le rôle dans la prévention du cancer de la prostate et du stress oxydatif au niveau de l'œil. Le lycopène, qui donne sa couleur rouge à la tomate, est plus biodisponible dans la tomate cuite ou en sauce que dans la tomate crue. Il est d'ailleurs

---

1. M. Pandley *et al.*, *European Journal of Cancer Prevention*, 2002, K. Hirose *et al.*, *Japanese Journal of Cancer Research*, 1995 et A. Haginara *et al.*, *Journal of Toxicological Sciences*, 2002.
2. B. H. Ludvick *et al.*, *Diabetes care*, 2000.
3. M. N. Salleh *et al.*, *Journal of Agricultural and Food Chemistry*, 2002.

encore mieux absorbé si on l'associe à un corps gras. Pensez donc à préparer une sauce tomate à l'huile d'olive. Mais la tomate contient aussi un autre puissant antioxydant, la vitamine C. Malgré son goût sucré, elle présente un faible apport en calories. Attention si vous présentez un côlon irritable (ou une colopathie), retirez la peau de la tomate avant de la consommer.

Les légumes à feuilles vert foncé

Riches en caroténoïdes et flavonoïdes, en vitamines A, B, C et E.

L'épinard

Au risque de vous décevoir, Popeye a induit des générations en erreur en faisant croire que les épinards regorgent de fer. En réalité, ils n'en contiennent pas plus que les autres légumes.

Véritable atout minceur, l'épinard est vraiment très peu calorique avec 18 calories pour 100 grammes. C'est parce qu'il est riche en eau. On ne s'y attend pas dans un légume, mais il contient des protéines et tous les acides aminés essentiels y sont représentés. Il n'est pas riche en graisse (0,3 gramme de lipides pour 100 g), mais c'est de l'acide linolénique (un oméga-3) qu'il apporte. S'il n'a pas vraiment de fer, il a en revanche un bon taux de potassium, du calcium et du sodium. On y trouve aussi du bêta-carotène, de la vitamine C et de la B9 (l'acide folique) recommandée aux femmes enceintes. N'oublions pas les fibres qui y sont abondantes. L'épinard est donc un bon aliment anti-inflammatoire.

Les crucifères : cresson, chou vert, chou-fleur, chou de Bruxelles, brocoli...

Les crucifères possèdent des composés, les glucosinolates, qui s'opposent aux modifications cellulaires conduisant aux cancers. La consommation régulière – c'est-à-dire au moins une fois par semaine – de ces légumes semble limiter les risques de survenue des cancers du poumon, de l'estomac, du côlon, du rectum, de la prostate, de la vessie et même du sein, comme le montre une étude américaine publiée en 2008[1]. Ils contiennent aussi du bêta-carotène, des fibres et de la vitamine C.

La mâche et le pourpier

Voilà deux véritables salades anti-inflammatoires avec leurs vitamines antioxydantes – la C et la E –, le bêta-carotène, leurs fibres et surtout la présence d'oméga-3.

Toutes deux peu caloriques, elles contiennent aussi du potassium, du calcium et du magnésium. On a parlé aussi du pourpier pour son rôle dans la prévention cardiovasculaire avec l'alimentation crétoise.

Les légumes de la famille des alliacées

L'ail

On note son rôle dans la diminution du risque de survenue des cancers de l'intestin grâce à ses composés sulfurés (même schéma que pour les crucifères). Il diminuerait le taux de cholestérol et aurait une action anti-infectieuse. Une gousse d'ail pèse environ 3 grammes et apporte 4 calories. Elle contient du phosphore, du manganèse, du cuivre, du sélénium antioxydant ainsi que de la vitamine C et de la B6.

À savoir : une consommation d'ail en quantité importante modifie la fluidité sanguine. À éviter donc avant une chirurgie. Enfin, une quantité excessive d'ail augmente l'effet hypoglycémiant des médicaments contre le diabète. Les patients diabétiques doivent donc avoir une consommation modérée d'ail cru comme cuit.

La ciboulette

La ciboulette est riche en caroténoïdes antioxydants. Elle contient de la vitamine C, également antioxydante. Ne vous en privez pas.

---

1. O. Azarenco *et al.*, *Carcinogenesis*, 2008.

L'échalote

La particularité de l'échalote réside dans le fort pouvoir antioxydant de ses flavonoïdes. Bonne source de bêta-carotène, elle contient aussi un peu de vitamine C.

L'oignon

Son contenu en vitamine C, en sélénium et en quercétine lui donne des propriétés anti-inflammatoires. Mais on lui prête aussi des propriétés diurétiques (grâce à son potassium et son contenu en sucres issus du fructose, les fructosanes), anti-infectieuses et hypoglycémiantes (grâce à ses composés soufrés). Il diminue l'agrégation plaquettaire, limitant ainsi la formation de la plaque d'athérome.

Le poireau

Avec 23 calories pour 100 grammes, le poireau n'est pas calorique. Il est très riche en eau. On y trouve des folates (vitamine B9), de la vitamine B6 et des fibres. Le vert du poireau est parfois très mal toléré par les intestins fragiles.

À noter : son action diurétique due à une teneur élevée en potassium et basse en sodium.

Les autres légumes anti-inflammatoires

L'artichaut

Il est composé d'un prébiotique, l'inuline, qui agit sur les récepteurs du goût sur la langue. Ainsi, si vous buvez de l'eau après avoir consommé un artichaut, l'eau vous paraîtra sucrée. Il contient une bonne quantité de vitamine C antioxydante.

Il faut cependant le consommer rapidement après cuisson, car il s'oxyde vite. Dans ce cas-là, il n'est plus du tout anti-inflammatoire.

L'asperge

Blanche, verte ou violette, elle est très peu calorique et assez diurétique. Riche en potassium et en magnésium, elle contient aussi de la vitamine C antioxydante et des vitamines B. Ses nombreuses fibres sont bien tolérées et facilitent l'élimination.

Le champignon shiitake et les autres champignons

Le shiitake (ou lentin de chêne) nous fait voyager en Asie où son utilisation est très fréquente et où on le considère comme un véritable « élixir de vie ». Peu calorique, il contient du fer, de la vitamine C et des fibres. Mais on le recommande surtout pour son action anticancer, due à l'un de ses composants, un sucre complexe, le lentinane. Il favoriserait également le développement d'une meilleure immunité et héberge un puissant antioxydant, le L-ergothionéine.

Le céleri

Il en existe deux sortes : le céleri-rave (dont on a développé la racine) et le céleri en branches (dont on consomme les tiges et les feuilles). Nous avons choisi le second, car il est peu calorique, riche en eau et en fibres (parfait pour une détox minceur). Il contient de la vitamine C et de la vitamine B9 (celle que l'on conseille aux femmes enceintes). Il est aussi anti-inflammatoire et diurétique. D'ailleurs, ces qualités lui valurent d'être considéré pendant très longtemps comme une plante médicinale.

Le concombre

On apprécie sa très faible teneur en calories (10 calories pour 100 grammes). Son taux de sodium bas associé à un fort taux de potassium lui confère une action diurétique. En outre, il est riche en calcium, magnésium et en vitamines. C'est dans la peau qu'il y a le plus de fibres. Donc, évitez de l'éplucher. Choisissez donc le concombre libanais dont la peau est très fine ou le concombre bio. Quoi qu'il en soit, il convient de bien le laver.

L'endive

Encore un légume très peu calorique (15 calories pour 100 grammes) qui s'intègre donc bien dans un programme d'amaigrissement. En outre, l'endive est riche en fibres bien tolérées par tous les intestins.

À savoir : pour éviter son petit goût amer, conservez-la à l'abri de la lumière.

Le fenouil

Ses feuilles comme sa tige sont très riches en antioxydants, en particulier en flavonoïdes. Il contient des composés aux effets anti-inflammatoires, les polyacétylènes, capables également d'une action préventive anticancer.

Le haricot vert

C'est la star des régimes avec 23 calories pour 100 grammes. Il est anti-inflammatoire grâce à ses fibres et son contenu en vitamine C et en bêta-carotène. Il contient aussi de l'acide folique (vitamine B9), du calcium et du magnésium.

On sait moins que le haricot vert est une... légumineuse. En effet, on le consomme avant sa maturité, c'est-à-dire avant que ses graines soient vraiment apparentes. D'ailleurs, les haricots verts sont fins, très fins ou extra-fins, selon leur degré de maturité. Plus il est mature, plus il est riche en fibres.

Les fruits, les baies

L'abricot

Un abricot ne représente que 30 calories. Le problème est qu'on en consomme souvent plus d'un ! C'est à sa très grande richesse en bêta-carotène antioxydant qu'il doit sa jolie couleur orangée. Il est riche en vitamine C, surtout cru. Son apport en potassium est loin d'être négligeable. Il contient aussi du magnésium. Enfin, c'est un fruit riche en fibres, et particulièrement en pectine qui favorise transit et satiété.

Les agrumes : le pamplemousse, l'orange et le citron
Ces trois agrumes sont riches en vitamine C. Rappelons que cette vitamine antioxydante est très sensible à l'air et à la lumière et qu'il est souhaitable de consommer ces fruits rapidement après les avoir ouverts. Ils présentent un fort potentiel dans la prévention anticancer. Ils seraient capables de limiter le développement des cancers digestifs en s'opposant à l'inflammation qui les accompagne.

Un demi-pamplemousse couvre les apports nutritionnels recommandés de la journée en vitamine C. On note également sa richesse en vitamine A. Il est moins sucré que l'orange. Enfin, c'est une bonne source de... cuivre. Attention, il existe des interactions entre le jus de pamplemousse et certains médicaments, comme des statines (simvastatine, atorvastatine) qui abaissent le taux de cholestérol, des immunosuppresseurs (ciclosporine) ainsi que le cisapride, un médicament qui traite le reflux gastro-œsophagien. L'AFSSAPS conseille donc de ne pas consommer de jus de pamplemousse dans les 2 heures qui précèdent la prise de ces médicaments et d'éviter d'en boire plus d'un quart de litre.

Le citron est, lui aussi, particulièrement riche en vitamine C. Il contient également du calcium. Très peu calorique, il trouve sa place dans les programmes de perte de poids. Son jus est d'ailleurs souvent utilisé dans les cures détox. Contrairement à ce que l'on imagine, il n'est pas acidifiant.

L'orange est riche en vitamine A, en bêta-carotène utile pour la croissance et la vision crépusculaire, ainsi qu'en vitamine B. Elle contient aussi beaucoup de vitamine C : la consommation d'une orange par jour couvre les 4/5ᵉ des besoins de notre organisme. Là encore, on trouve une source de calcium, mais également de potassium, de fer et de phosphore.

L'airelle
« Cranberry » pour les Américains, « canneberge » au Canada (il s'agit en fait d'une des espèces d'airelles cultivée outre-Atlantique), les

airelles ont déjà été évoquées dans la prévention des infections urinaires. Aussi peu caloriques que les groseilles, elles sont riches en flavonoïdes et polyphénols. Un vrai concentré d'antioxydants ! Elles sont délicieuses séchées.

L'ananas

Il est riche en vitamine C : 18 milligrammes pour 100 grammes en moyenne, soit plus du tiers de l'apport quotidien conseillé pour une portion de 150 grammes. Il renferme aussi du bêta-carotène et de la vitamine E qui s'associe à la vitamine C pour jouer un rôle antioxydant. Malheureusement, il ne fait pas maigrir ! On a imputé à tort à l'un de ses composants, la broméline, le pouvoir de brûler les graisses. Il n'en reste pas moins un fruit goûteux, surtout l'hiver, avec un bon apport en fibres. Caloriquement, il est proche de la pomme (52 calories pour 100 grammes).

L'avocat

C'est bien un fruit et non un légume. Mais c'est un fruit qui contient des graisses, et en particulier de l'acide oléique, monoinsaturé (comme dans l'huile d'olive). C'est ce qui explique son apport calorique non négligeable (138 calories pour 100 grammes). Beaucoup de minéraux (du potassium, du phosphore et du magnésium) et beaucoup de vitamines (C, B et E) complètent le profil de cet aliment véritablement anti-inflammatoire.

Les baies de Goji, d'Açaï et d'argousier

La petite baie rouge de Goji est un fruit séché qui vient du Tibet, où on l'appelle « le fruit de la longévité » du fait de sa richesse en antioxydants : vitamine C, vitamine E, caroténoïdes. On la cite aussi dans la prévention des cancers et l'amélioration des défenses immunitaires. Vous la trouverez dans les magasins biologiques, mais aussi dans certains hypermarchés au rayon diététique.

Attention à la provenance des baies de Goji

Les baies de Goji sont cultivées en Chine. Dans la région de Ningxia, la culture est très industrialisée ; elle l'est même trop, puisque certains arrivages ont été refusés par les douanes françaises en avril 2009, leurs taux en pesticides et en insecticides étant quatre fois trop élevés. Les baies de Goji cultivées en Mongolie-Intérieure sont beaucoup plus naturelles, mais leur production est plus réduite. Voilà pourquoi vous risquez parfois de ne plus trouver aussi facilement de baies de Goji. Choisissez alors les airelles séchées, au goût et aux qualités nutritionnelles proches.

Originaires du Brésil, les baies d'Açaï n'ont été importées en Europe qu'au début des années 2000. La baie d'Açaï n'est pas une baie classique, puisqu'elle contient 52 % de glucides, mais également des protéines (8 %) et des graisses (32 %), dont des oméga-9 (monoinsaturés), ce qui est loin d'être négligeable. Ses atouts anti-inflammatoires : une grande richesse en fibres et en antioxydants, polyphénols et vitamine E. Mais il faut quand même savoir que la fraise, la mangue ou le raisin contiennent plus d'antioxydants. La baie d'Açaï est également évoquée pour son prétendu pouvoir amaigrissant, mais rien n'est moins sûr. Elle est très fréquemment proposée sous forme de complément alimentaire, dans les magasins diététiques ou sur Internet où les promesses de perte de poids sont bien loin de la réalité. Attention aux arnaques !

La baie d'argousier est rare. D'origine russe, elle commence à être cultivée un peu partout dans le monde. Elle n'est toutefois disponible que dans certains magasins de produits exotiques ou diététiques. Sachez qu'elle est une excellente source d'antioxydants. Elle apporte trente fois plus de vitamine C qu'une orange, et plus de vitamine E que dans le blé, ce qui en fait un parfait aliment anti-inflammatoire.

La cerise

Même si elle est un peu plus sucrée (donc plus calorique) que les autres fruits, nous profitons de ce fruit présent seulement sur les étals des marchés de mi-mai à fin juillet. La cerise contient des fibres et des caroténoïdes. C'est aussi une bonne source de vitamine B9 ou folates, si importante chez la femme enceinte pour limiter la survenue d'une malformation neurologique, le spina bifida.

À savoir : l'acérola, également appelée la cerise des Barbades ou cerise des Antilles, est particulièrement riche en vitamine C.

La fraise

Elle présente une bonne densité minérale : potassium, calcium et fer sont présents à des taux non négligeables. Elle est riche en vitamines antioxydantes comme la vitamine C et le bêta-carotène. Elle apporte également des vitamines B. Dernière qualité, et non des moindres, elle est peu calorique malgré son goût délicatement sucré et est donc idéale pour retrouver ou garder son poids de forme. Attention cependant, certaines personnes y sont allergiques.

À savoir : les fruits rouges sont cités pour leur action préventive contre le cancer grâce à l'acide ellagique présent dans les fraises et les framboises et aux anthocyanides des mûres, des airelles et des myrtilles.

La framboise

Avec 38 calories pour 100 grammes, la framboise est un atout minceur. D'autant plus qu'elle possède beaucoup de fibres (pratiquement 7 grammes pour 100 grammes). Effets satiétogènes et anti-inflammatoires garantis ! Sans oublier sa richesse en nutriments antioxydants : vitamine C, anthocyanes qui augmentent les effets de la vitamine C, et resvératrol antioxydant et anti-inflammatoire.

La grenade

C'est l'un de nos fruits préférés. Nous en avons d'ailleurs fait le symbole graphique de notre livre ! Depuis plusieurs milliers d'années, la médecine ayurvédique la cite, notamment pour son action anti-inflammatoire.

Riche en fibres, en vitamine C, en flavonoïdes dont la puissante quercétine et les anthocyanes, vous retrouvez souvent cet aliment utilisé sous forme de complément alimentaire. Les gouttes au *pomegranate*, la traduction anglo-saxonne de la grenade, se sont développées ces dernières années outre-Atlantique.

Des études sur son jus ont avéré son effet dans la prévention cardio-vasculaire[1], dans celle des cancers (de la prostate[2], en particulier) et ont confirmé son effet anti-inflammatoire.

Quand vous achetez du jus de grenade, veillez à vérifier l'apport en sucres ajoutés.

Pour le jus de grenade, voir p. 209.

La groseille

Peu calorique et acidulée, elle est riche en vitamine C dont l'action antioxydante est encore renforcée par la présence de flavonoïdes. Elle est également une bonne source de fibres.

Le kiwi

Voilà un petit fruit intéressant, à plusieurs titres. Il est riche en vitamine C, en carotène et en polyphénols. Il possède une quantité non négligeable de vitamine E, ce qui est rare pour un fruit. Enfin, ses fibres douces, en particulier la pectine (comme dans la pomme), ont une action bénéfique pour le transit et un effet rassasiant.

La mûre

Très peu calorique quand elle est sauvage (25 calories pour 100 grammes), elle l'est deux fois plus quand elle est cultivée, mais

---

1. N. Aviram *et al.*, *Clinical Nutrition*, 2004.
2. A. Pantuck *et al.*, *Clinical Cancer Research*, 2006.

cela reste néanmoins très raisonnable. Riche en vitamine C dont l'action antioxydante est améliorée par la présence de flavonoïdes, elle n'est pas en reste pour les fibres. Attention, elle se conserve peu.

La myrtille

Elle contient principalement du fructose, le sucre naturel des fruits. L'apport calorique est relativement faible : 50 calories pour 100 grammes. La myrtille doit son effet anti-inflammatoire à son faible index glycémique, à son contenu en vitamines antioxydantes (vitamine E, bêta-carotène) et surtout à un fort taux de vitamine C dont l'activité est optimisée par la présence de flavonoïdes spécifiques, les catéchines (comme dans le thé vert) et les anthocyanes. Enfin, la présence de fibres (3 à 5 grammes pour 100 grammes) complète la gamme de ses bienfaits.

La poire

Très riche en eau, elle est peu calorique (50 calories pour 100 g). En revanche, elle contient beaucoup de potassium, de calcium et de magnésium (tous capitaux pour le fonctionnement cellulaire). Elle doit son effet anti-inflammatoire à sa richesse en vitamine C, en carotène et en vitamine E. Elle est précieuse aussi pour sa teneur en sorbitol qui facilite la digestion.

La pomme

D'apport calorique moyen pour un fruit (54 calories pour 100 grammes), la pomme est très riche en eau. Sa teneur en fibres, en particulier en pectine, favorise la satiété et la classe comme potentiellement anti-inflammatoire, car elle contient de la vitamine C, du bêta-carotène et un peu de vitamine E, antioxydantes. Les pommes subissent des traitements par pesticides. On conseille donc d'enlever la peau avant de les manger ou d'acheter des pommes bio.

À savoir : la cuisson modifie son index glycémique. En compote, la pomme présente un index glycémique plus élevé. Mangez-la donc crue !

Le raisin

On lui reproche souvent d'être trop calorique. Sa valeur calorique (72 calories pour 100 grammes) le place entre la pomme et la banane, au même niveau que la figue fraîche. Il est donc un petit peu plus calorique que les autres fruits, mais ce qui fait son intérêt est la présence d'un polyphénol aux puissantes propriétés antioxydantes, le resvératrol. Le resvératrol n'est pas seulement antioxydant, il est aussi anti-inflammatoire. Plusieurs pistes sont à l'étude. Des chercheurs français évoquent une action contre le diabète et l'obésité chez la souris[1]. Des Coréens parlent d'un effet potentiel du resvératrol dans la lutte contre les cancers du pancréas et du sein.[2]

À savoir : de nombreuses études font état de la présence de pesticides sur les raisins. Puisqu'il serait dommage de se priver de la consommation de ce fruit, choisissez-le de préférence biologique.

La rhubarbe

Vraiment très peu calorique (13 calories pour 100 grammes), elle contient aussi beaucoup de fibres et des vitamines C, B et K. Son goût acide incite souvent à la sucrer. Pour lui garder son rôle anti-inflammatoire, utilisez le stevia (voir p. 116), un édulcorant naturel au faible index glycémique.

Les huiles, les oléagineux et les graines oléagineuses

L'amande

Nous parlons ici de l'amande douce, un aliment très riche en protéines. 30 grammes d'amande (soit 24 amandes environ) apportent autant de protéines que 150 millilitres de lait. Elle contient de

---

1. J. Feige *et al.*, *Cell Metabolism*, 2008.
2. B. H. Young *et al.*, *Experimental and Molecular Medecine*, 2009.

nombreux minéraux, en particulier du potassium, du magnésium, du phosphore, du calcium et du fer. La richesse en fibres est non négligeable puisque ces dernières constituent 15% de l'aliment. (30 grammes d'amandes équivalent à 4,5 grammes de fibres.) Enfin, les amandes sont une excellente source de vitamine E, un antioxydant de choix.

Les graines de coriandre

Nous évoquons plus loin (voir p. 202) les feuilles, mais il s'agit de la même plante. Les graines de coriandre contiennent des flavonoïdes antioxydants. On les propose dans la prise en charge du diabète, maladie inflammatoire par excellence. Et lors d'études menées chez le rat, elles ont démontré leur capacité à réduire le taux de cholestérol et de triglycérides dans le sang[1].

Les graines de coriandre sont traditionnellement utilisées dans la cuisine indienne, d'Afrique du Nord, d'Europe de l'Est et d'Amérique du Sud. Aujourd'hui, la majeure partie des graines sont utilisées pour la fabrication de la poudre de curry. Il est conseillé de les rôtir légèrement dans une poêle avant de les moudre.

Les graines de courge

Elles sont certes caloriques, mais c'est la présence d'acides gras, bénéfiques pour la santé comme l'acide oléique (le même que dans l'huile d'olive), qui nous intéresse. Elles apportent aussi des vitamines antioxydantes A et D, du zinc et du sélénium. Ne préconise-t-on pas dans les recettes de grand-mère l'utilisation de la graine de courge en cas d'inflammation de la vessie?

Note : nous n'avons volontairement pas cité les graines de tournesol et de sésame à cause du rapport oméga-6/oméga-3 trop défavorable pour figurer dans notre liste d'aliments anti-inflammatoires.

---

1. V. Chithra *et al.*, *Journal of Ethnopharmacology*, 2000.

Les graines de fenouil

Traditionnellement utilisées par les médecines traditionnelles pour traiter les inflammations des voies respiratoires et la colique de l'enfant, les graines de fenouil se marient avec de nombreuses préparations, en particulier avec les poissons. Elles peuvent aussi se déguster en tisane.

Les graines de lin

C'est l'une des meilleures sources d'oméga-3, plus particulièrement de l'un d'entre eux, l'acide alpha-linolénique (ALA). Pour profiter de leurs qualités, il ne faut pas les consommer telles quelles. En effet, leur enveloppe les rendent résistantes à l'action des enzymes digestives. Il faut donc les moudre dans un petit moulin ou un mortier. L'idéal est de le faire juste avant consommation. Donc, inutile d'acheter du pain aux graines de lin entières non moulues !

On peut les conserver un peu, une fois moulues, dans un sac opaque et étanche au réfrigérateur. Si elles ont un goût rance, elles sont impropres à la consommation.

L'huile de colza

C'est l'une des meilleures sources d'oméga-3, avec l'huile de noix. En outre, elle fournit un équilibre oméga-6/oméga-3 parfait, un rapport qui, selon l'AFSSA, doit être de 5 pour 1, soit cinq fois plus d'oméga-6 que d'oméga-3, ce qui n'est pas le cas dans l'alimentation des Français aujourd'hui, les oméga-6 étant beaucoup trop nombreux (10 pour 1 et jusqu'à 30 pour 1).

Choisissez une huile de première pression à froid. Comme toutes les huiles riches en acides gras polyinsaturés (oméga-6, oméga-3), il n'est pas conseillé de la faire cuire.

L'huile de noix

Comme l'huile de colza, voici une excellente source d'oméga-3. Et son goût est délicieux. Petite ombre au tableau : son coût dû à une faible production.

L'huile d'olive

Rappelons que l'huile d'olive est l'une des meilleures sources d'acides gras monoinsaturés. Il ne faut pas non plus oublier qu'elle contient de la vitamine E et des polyphénols, ce qui en fait un aliment fortement antioxydant et anti-inflammatoire.

Une étude parue en 2005 dans le très sérieux journal scientifique *Nature*[1] revient d'ailleurs sur ses qualités. On sait depuis quelques années que le régime méditerranéen, dont cette huile est l'une des composantes, présente de nombreux effets bénéfiques sur la santé, en particulier dans la prévention cardiovasculaire et de celle de certains cancers. L'huile d'olive contient une substance, l'oléocanthal, qui aurait un effet proche de celui de l'ibuprofène, molécule anti-inflammatoire. Selon l'article de *Nature*, quatre cuillerées à soupe représenteraient 10 % de la dose efficace contre la douleur de type inflammatoire. Ce sont les huiles grecques et crétoises qui contiennent le meilleur taux d'oléocanthal.

La noisette

Riche en acides gras monoinsaturés et en vitamine E, elle peut figurer parmi nos aliments anti-inflammatoires, à condition d'en manger avec modération, car tout comme l'amande et la noix, elle est très calorique.

La noix

Bonne pourvoyeuse d'acides gras polyinsaturés, oméga-6, mais surtout oméga-3, la noix est un aliment santé par excellence à condition de la consommer en petite quantité, car son apport énergétique est élevé. Elle apporte aussi de la vitamine E, des fibres et du magnésium.

---

1. G. Beauchamp *et al.*, *Nature*, 2005.

Les herbes

Même si certaines herbes font partie de la famille des légumes à feuilles vert foncé, nous les utilisons pour parfumer nos plats. C'est pourquoi nous les avons regroupées.

L'aneth

On utilise l'aneth odorant en phytothérapie pour ses effets anti-inflammatoires. En cuisine, il se marie extrêmement bien avec le saumon, ce qui en augmente encore l'effet anti-inflammatoire. Les antioxydants sont représentés avec la vitamine C et le bêta-carotène. Calcium, magnésium et potassium sont présents en bonne quantité.

Le basilic

Comme pour le romarin et la menthe, le principal antioxydant du basilic est l'acide rosmarinique. Mais on y trouve aussi des flavonoïdes et d'autres acides phénoliques, également antioxydants. Il apporte du calcium, du potassium et du magnésium.

Le cerfeuil

On l'a utilisé pendant des siècles pour son action diurétique et dépurative. On disait aussi qu'il ouvrait l'appétit. Riche en vitamine C et caroténoïdes antioxydants, c'est aussi une bonne source de fibres. On y trouve du potassium, du magnésium, du phosphore et du calcium. Les vitamines B sont bien représentées. Il donne aux plats une saveur légèrement anisée. Mais il est très fragile et doit absolument se conserver au réfrigérateur.

La coriandre

Une seule plante pour deux emplois : ses graines comme épice (voir p. 199) et ses feuilles comme herbe aromatique. C'est à ces dernières que nous nous intéressons ici. On les consomme généralement crues, ajoutées au dernier moment dans des soupes, des salades ou des plats mijotés. Utilisées depuis toujours dans les cuisines orientales, de la Méditerranée à l'Inde, elles regorgent d'antioxydants, acides phénoliques et caroténoïdes.

Leur particularité : un excellent apport en vitamine K, nécessaire pour la coagulation du sang.

L'estragon

L'estragon est l'une des herbes les plus antioxydantes, grâce à la présence de flavonoïdes et d'un composé, le coumarin, qui s'oppose à la libération d'histamine lors d'allergies. Par ailleurs, l'estragon est conseillé en Angleterre chez les diabétiques. Il contient aussi du manganèse et de la vitamine K.

La menthe poivrée

La menthe poivrée contient de puissants antioxydants, des flavonoïdes et de l'acide rosmarinique. La consommer en tisane permet de conserver 75 % de ces composés.

À savoir : comme le thé, la tisane de menthe diminue l'absorption du fer. On conseille donc de la boire à distance des repas. Elle favorise aussi le reflux gastro-œsophagien.

L'origan et la marjolaine

Leur principal composé est un acide phénolique – l'acide rosmarinique – qui, avec d'autres composés phénoliques – l'apigénine, la lutéoline et l'acide carnosique – assure son action antioxydante. C'est dans l'origan frais (et sauvage si possible) que se trouvent les plus grandes quantités de ces composants.

Des études sont en cours chez l'animal pour vérifier l'effet hypoglycémiant[1] de ces herbes. On a aussi parlé d'une limitation de la croissance des cellules cancéreuses chez les souris leucémiques[2]. Tout cela reste à confirmer. On note aussi la présence de fer et de vitamine K.

---

1. A. Lemhadri et al., Journal of Ethnopharmacology, 2004.
2. E. A. Goun et al., Journal of Ethnopharmacology, 2002.

Le persil

C'est l'un des aliments les plus riches en vitamine C antioxydante. Il contient aussi des caroténoïdes et des fibres. Jusqu'au Moyen Âge, le persil était uniquement considéré comme une plante médicinale.

Le romarin

La garrigue sent le romarin. C'est normal, cet arbrisseau pousse à l'état sauvage tout autour de la Méditerranée. Anti-inflammatoire, il l'est grâce à la présence de vitamine C, de bêta-carotène, de fibres et surtout d'un acide phénolique, l'acide rosmarinique, qui agit *in vitro* sur le métabolisme des prostaglandines.

À noter : la présence d'un flavonoïde, la silymarine, qu'on retrouve aussi dans l'artichaut, et qui pourrait limiter le développement de certains cancers, comme ceux de la peau et de la prostate.

Cliniquement (et traditionnellement), il est utilise contre les douleurs rhumatismales et dans la prise en charge de l'inflammation des voies respiratoires. Il est présent dans la pharmacopée traditionnelle pour son action antispasmodique et faciliterait le travail de la vésicule biliaire.

La sauge

La sauge, comme les autres herbes aromatiques, a des capacités antioxydantes qu'elle doit à l'acide rosmarinique et à l'acide carnosique. Une espèce, la sauge sclarée, contient de la vitamine E[1]. La sauge est déjà proposée chez les patients atteints d'Alzheimer[2] modéré, car on a noté une diminution du stress oxydatif et de l'inflammation chronique. La sauge contient également de la vitamine K.

---

1. P. Mela, « Étude de l'activité anti-oxydante. Application à la valorisation des extraits de sauge sclarée. », Thèse de doctorat, Aix-en-Provence, 1998.
2. S. Akhondzadeh *et al.*, *International Journal of Clinical Pharmacology Therapy and Toxicology*, 2003.

Le thym
Des études indiquent que le thym séché[1] est probablement l'une des herbes les plus antioxydantes avec ses flavonoïdes. Essayez l'infusion de thym, c'est divin !

La verveine citronnée
Ses feuilles sont chargées de flavonoïdes et d'acides phénoliques antioxydants. On l'utilise en phytothérapie pour son action anti-inflammatoire, son effet légèrement sédatif et pour faciliter la digestion.

Les épices

Si l'on devait établir une échelle du pouvoir anti-inflammatoire des aliments, les épices domineraient largement. Nous en avons choisi quelques-unes parmi elles.

La fleur de badiane ou l'anis étoilé
C'est le fruit du badianier chinois. C'est d'ailleurs en Chine qu'on en produit le plus. Ces derniers temps, sa production s'est développée puisque l'anis étoilé entre dans la composition du médicament antiviral proposé dans certains cas de grippe, dont la grippe H1N1. La badiane chinoise produit de l'acide shikimique, sans activité antivirale, qui est transformé à plusieurs reprises pour donner le composé actif du médicament, le phosphate d'oseltamivir.

Si la badiane n'a pas vraiment montré ses effets anti-inflammatoires, nous avons souhaité l'inclure dans notre liste, car elle est utilisée en phytothérapie pour lutter contre les phénomènes respiratoires aller-giques et inflammatoires, ainsi que sur les troubles de la digestion.

Attention à ne pas la confondre avec la badiane japonaise, qui est toxique.

---

1. P. Ninfali *et al., British Journal of Nutrition*, 2005 et S. Dragland *et al., Journal of Nutrition*, 2003.

Le petit plus : la badiane s'utilise en tisane pour calmer les tout-petits.

La cannelle

La cannelle a fait l'objet de nombreuses recherches. Elle contient deux principaux composés antioxydants, les proanthocyanidines, et un composé phénolique, le cinnamaldéhyde, qui possède une véritable activité anti-inflammatoire. La consommation régulière de cannelle améliore significativement le taux de glycémie (sucre) chez les patients diabétiques.

La cardamome

Ce n'est pas la racine qu'on utilise, mais le fruit séché dont le parfum est très reconnaissable, intense, à la fois citronné et camphré. Il contient un terpène, le cinéole. Or les terpènes sont anti-inflammatoires.

La cardamome était traditionnellement utilisée autrefois, à la cour impériale de Chine, pour faciliter la digestion, traiter les infections dentaires et les toux rebelles. Aujourd'hui, on broie les graines et on les incorpore dans le riz, les compotes, le vin chaud ou les marinades.

Le clou de girofle

Impossible de l'oublier tant il vous rappelle les séances chez le dentiste ! Le clou de girofle est en effet utilisé comme antiseptique dentaire. Il contient 15 à 20 % d'huiles essentielles, de l'eau, des tanins antioxydants et des fibres. L'huile de clou de girofle est riche en eugénol et autres composés terpéniques à l'action anti-inflammatoire.

On l'utilise dans le curry, certaines sauces et dans la charcuterie.

Le cumin

Le cumin, ou plutôt ses graines, contient des acides gras insaturés et une bonne quantité de fibres. On y trouve également du phosphore, du potassium, du cuivre et une quantité appréciable de calcium, de fer, de magnésium et de manganèse. Il est considéré comme relativement anti-inflammatoire.

Un petit plus : pour aromatiser vos plats, placez des graines de cumin et de fenouil dans un moulin à poivre. Moulues dans un laitage, sur un poisson ou un mélange de légumes, elles en rehausseront le goût.

Le curcuma

Le curcuma est une racine utilisée par les médecines traditionnelles, comme la médecine ayurvédique. Son principe actif, la curcumine qui lui confère sa couleur jaune, a une action anti-inflammatoire très importante. Le curcuma permet ainsi de lutter contre la prolifération des cellules cancéreuses (dans le côlon, l'estomac), de diminuer le taux de cholestérol et de favoriser une meilleure prévention cardiovasculaire.

À savoir : le curcuma se met à toutes les sauces, dans les currys en particulier. On le trouve sous forme de poudre, à mélanger avec un petit peu d'eau.

Le gingembre

Le gingembre est une racine qui possède une quarantaine de composés antioxydants, dont le principal est le gingérol, responsable par ailleurs du goût piquant du gingembre frais. Une étude norvégienne le classe parmi les cinq aliments les plus riches en anti-oxydants[1]. De nombreuses études se sont attardées sur les effets anti-inflammatoires, antioxydants et anticancéreux de cette molécule. Lorsqu'on fait sécher le gingembre, les gingérols se transforment en d'autres molécules, les shoagols, qui pourraient s'opposer à l'avancée de la maladie d'Alzheimer. On rapporte aussi que le gingembre limite l'inflammation dans la polyarthrite rhumatoïde[2].

---

1. B. L. Halvorsen *et al.*, *American Journal of Clinical Nutrition*, 2006.
2. J. Funk *et al.*, *Journal of Natural Products*, 2009.

À savoir : le gingembre râpé ou moulu est une bonne source de manganèse.

La noix muscade

C'est le fruit du muscadier, un arbre originaire des îles Moluques, en Indonésie. On la trouve sous forme de poudre ou telle quelle. Dans ce cas, il ne faut râper la noix qu'au dernier moment et rester vigilant sur la quantité utilisée. Absorber plus de trois noix muscades a de graves effets secondaires, pouvant même conduire au décès. En outre, quelques grammes suffisent à aromatiser un plat et à produire une action calmante, donc anti-inflammatoire, sur les douleurs rhumatismales. La noix muscade favorise également la digestion.

Le paprika

Il existe plusieurs paprikas, aux formes et aux couleurs différentes, selon qu'il s'agit de la tige de la plante, de la graine ou du piment. Le goût varie selon la couleur. Le rouge est le plus doux et le jaune le plus fort. L'analyse nutritionnelle du paprika révèle la présence de nombreux oligoéléments (potassium, magnésium, phosphore, cuivre, manganèse). C'est une excellente source de fibres, de vitamines antioxydantes, A, C et E. Il est considéré comme relativement anti-inflammatoire.

Le piment de Cayenne (chili)

Cette épice contient des vitamines A, B et C, du potassium et du calcium, ainsi que des alcaloïdes dont le principe actif anti-inflammatoire, la capsaïcine. Malgré son goût très marqué, la capsaïcine n'altère pas la muqueuse de l'estomac, surtout si l'on reste raisonnable sur la quantité consommée.

Le piment de Cayenne s'utilise frais ou séché et réduit en poudre. On l'appelle alors chili. La capsaïsine s'applique sous forme d'onguent sur les articulations pour améliorer les douleurs inflammatoires. Les personnes présentant des ulcères gastriques ou duodénaux, ou des hémorroïdes doivent éviter d'en consommer.

Le safran

C'est indiscutablement l'empereur des épices. Rare, donc cher, il est très recherché et souvent copié. On le nomme parfois l'«or rouge». Le safran est le stigmate d'une fleur, un crocus. Il se présente sous forme de filaments ou de poudre. Il contient de nombreux caroténoïdes, dont le lycopène, la zéaxanthine, du bêta-carotène et la crocine qui donne une couleur jaune orangé aux plats auxquels on l'ajoute. De nombreuses études s'intéressent à son potentiel antioxydant et anticancéreux.

Le plus : le safran a un faible effet antidépresseur.

Les boissons antioxydantes

Le jus d'airelle (*cranberry juice*)

L'AFSSA a estimé qu'une consommation régulière de jus d'airelle contribue à la diminution de la fixation des bactéries sur la paroi des voies urinaires. On le recommande donc pour prévenir les cystites récidivantes. Le jus d'airelle, plus souvent commercialisé en France sous son appellation anglo-saxonne, le jus de *cranberry*, est modérément calorique (70 calories pour 100 millilitres). Veillez à vérifier que le produit ne contient pas de sucres ajoutés.

Le jus de grenade

Selon une étude californienne publiée en 2006 dans le *Clinical Cancer Research*[1], boire du jus de grenade une fois par jour augmente de quatre fois le temps pendant lequel les marqueurs de la prostate, les PSA (ceux qui augmentent en cas d'adénome de la prostate ou de cancer) restent stables chez des patients traités pour un cancer de la prostate. Les chercheurs ont conclu que le jus de grenade pourrait participer à une diminution de la croissance de ce cancer, grâce à l'action combinée de l'acide ellagique, des

---

1. A. Pantuck *et al.*, *Clinical Cancer Research*, 2006.

polyphénols et des isoflavones qu'il contient. De nouvelles études sont en cours pour confirmer ou infirmer ces résultats.

Le jus de myrtille

Frais, pressé, il peut, comme le démontre une étude chez le rat parue en septembre 2009[1], contribuer à la perte de poids grâce à sa richesse en antioxydants. D'autres études chez l'homme sont, bien entendu, nécessaires avant de pouvoir en tirer des conclusions.

Le thé noir

Le thé noir est un thé dont les feuilles ont été fermentées. Il doit sa réputation antioxydante et anti-inflammatoire à la présence de flavonoïdes, dont les théaflavines et les théarubigènes. Des études indiquent son rôle dans la réduction du risque cardiovasculaire grâce à la diminution du taux de cholestérol, de la protection contre certains cancers (du tube digestif, des voies urinaires, de la peau) et d'un ralentissement notable de la maladie de Parkinson.

Provenant d'une plante, le *Camellia sinensis,* c'est le thé le plus consommé en Europe. Il affiche diverses origines : 90 % du thé noir vient d'Inde, mais il peut être chinois comme le Lapsang souchong à la saveur fumée, le keemun ou le thé du Yunnan, indien comme le Darjeeling si prisé des Anglais, du Sri Lanka, comme le thé de Ceylan ou encore du Népal, du Vietnam et du Kenya. Le Earl Grey, très consommé, est un thé noir aromatisé à la bergamote.

À savoir : plus le thé infuse, plus il est riche en flavonoïdes, donc plus il est anti-inflammatoire. Mais le thé noir contient beaucoup moins de vitamine C que le thé vert, car il a subi un certain nombre de transformations.

Le thé vert

Il provient, comme le thé noir, du *Camellia sinensis,* mais il n'a pas subi de transformations. Il est dix fois plus antioxydant que le thé noir.

---

1. T. Vuong *et al., International Journal of Obesity,* 2009.

Il contient de la vitamine C, de la vitamine E, du bêta-carotène, mais il doit son fort pouvoir oxydant aux polyphénols et aux flavonoïdes qui inhibent les leucotriènes, médiateurs de l'inflammation.

Parmi ses substances antioxydantes, on trouve les catéchines dont l'action anticancéreuse a été démontrée, en particulier contre les cancers de la prostate, de la vessie et du poumon. La plus importante de ces catéchines est l'EGCG.

Vous pouvez trouver différentes sortes de thé vert : les thés gyokuro, sencha ou bancha du Japon, l'assam vert et le darjeeling vert d'Inde, le gunpowder et le lung ching de Chine.

À savoir : le thé, qu'il soit vert ou noir, diminue l'absorption intestinale du fer.

En règle générale, préférez les thés en vrac aux thés en sachets. Ces derniers sont constitués de feuilles incomplètes ou arrachées et ne permettent pas de révéler tout l'arôme du thé.

Le vin rouge

Ce sont les polyphénols qui donnent au vin rouge son fort pouvoir oxydant et sa couleur. Parmi ces polyphénols, on trouve les flavonoïdes, dont les catéchines (comme dans le thé vert), les tanins ou la quercétine qui se trouvent dans la peau et les pépins de raisin. Un fort antioxydant non flavonoïde, le resvératrol, est aussi présent dans la pulpe. Le vin a donc des bénéfices santé, à condition de le boire avec modération, avec beaucoup de modération même.

Car si on a longtemps pensé que la consommation d'un verre de vin par jour permettait d'accroître sensiblement l'espérance de vie, de nouvelles études mettent en garde contre une consommation d'alcool trop régulière. Les études les plus récentes[1] rapportent une relation directe entre la prise quotidienne d'alcool et l'augmentation

---

1. P. Boffeta *et al., International Journal of Cancer,* 2006 et Yan Li *et al., European Journal of Cancer,* 2009.

du risque de certains cancers (sphère ORL, œsophage, foie, sein). Une brochure, *Nutrition et prévention des cancers : des connais-sances scientifiques aux recommandations*[1], est mise en ligne par l'Institut national du cancer pour informer plus largement le grand public sur ces risques.

Parce que le vin a quand même des effets bénéfiques et qu'il n'augmente pas, s'il est consommé modérément, le risque des autres cancers, sa consommation peut donc vous laisser espérer une meilleure prévention cardiovasculaire. Boire très modérément réduirait la survenue de la maladie d'Alzheimer, en tout cas chez la souris, comme l'a démontré une équipe du Mount Sinai School of Medicine, à New York[2]. Les souris qui avaient bu du cabernet-sauvignon pendant sept mois présentaient moins d'Alzheimer que leurs congénères !

Nous sommes donc là au cœur de l'action anti-inflammatoire du vin. N'oubliez pas cependant qu'une consommation excessive, d'autant plus si elle est régulière, a de graves conséquences au niveau du foie et des neurones.

Les dérivés phénoliques sont dix fois moins importants dans le vin blanc que dans le rouge. D'autre part, les études sont encore discordantes aujourd'hui pour déterminer son effet antioxydant ou anti-inflammatoire.

Les outsiders

L'algue
En Asie, l'algue fait partie de l'alimentation depuis toujours. Elle est beaucoup moins connue en Europe. Pourtant, c'est un aliment très complet, qui regorge de minéraux. Elle contient de l'iode, comme tous les produits de la mer, mais aussi un peu de calcium, du

---

1. www.e-cancer-fr/la-sante-publique/prevention/nutrition-et-cancer.
2. J. Wang *et al.*, *The FASEB Journal*, 2006 et *Journal of Neuroscience*, 2008.

magnésium, du phosphore, du sélénium et du fer. C'est une source de vitamines (A, B, D et E) et de protéines. Elle n'est pas riche en lipides, et compte surtout des oméga-3. Elle est composée de fibres. L'algue a donc de potentielles vertus anti-inflammatoires. Elle est connue pour son action contre les cancers (du sein, du côlon, de la peau), grâce à deux composants, la fucoïdane, un glucide, et la fucoxanthine, un pigment proche de la structure des caroténoïdes.

On peut acheter les algues dans les magasins bio, les épiceries japonaises et les rayons exotiques de certains supermarchés. Seules une douzaine d'espèces sont autorisées à la consommation en France, dont la laitue de mer, le haricot de mer, le wakame, la porphyra (qui sert à fabriquer les maki) connue sous le nom de nori... On les consomme en salade (comme dans les restaurants japonais) ou cuites à l'eau. Elles se vendent aussi séchées et déshydratées.

Dans certains aliments commercialisés pour leurs « vertus » amaigrissantes, on peut trouver le fucus sous forme de complément alimentaire comme aide à la perte de poids (il améliorerait la satiété) et l'agar-agar, un produit gélifiant obtenu à partir d'algues rouges.

Le chocolat noir à plus de 70 % de poudre de cacao

Le chocolat provient des fèves de cacao fermentées, puis séchées, torréfiées et ensuite broyées pour récupérer les amandes dont on fait la pâte de cacao. Le cacao contient des antioxydants, plus exactement des catéchines appartenant à la famille des flavonoïdes (comme dans le thé vert). Ce sont ces flavonoïdes qui rendent le chocolat noir anti-inflammatoire. En outre, son index glycémique est bas (22). Enfin, sa consommation entraîne la libération d'endorphines, des opiacés naturels du corps, les mêmes substances qui sont fabriquées lorsqu'on pratique une activité physique régulière.

À savoir : plus un chocolat noir est riche en poudre de cacao, plus il contient de catéchines. Le chocolat au lait contient lui aussi des flavonoïdes, mais la présence de lait diminue leur absorption au niveau intestinal.

Le laitage aux probiotiques

Le yaourt est issu du lait, qu'on fermente avec des ferments lactiques. Ce sont ces ferments – des microbactéries bénéfiques pour l'organisme – qui nous intéressent. On les appelle les probiotiques (voir p. 63). Sur les étiquettes des produits laitiers est indiquée la mention « bifidus » ou « lactobacilles ». Présents aux alentours de 100 millions par gramme de yaourt, ces probiotiques améliorent l'immunité locale dans le tube digestif. Ils diminuent, par exemple, la durée de la diarrhée du voyageur, la tourista. Ils ont une action anti-inflammatoire au niveau de la muqueuse intestinale, améliorent les intolérances alimentaires ainsi que la digestion. On les conseille pour limiter la rechute des maladies inflammatoires du côlon, comme la maladie de Crohn.

Outre leur excellent apport en calcium, l'utilisation de ces laitages enrichis en probiotiques permet véritablement d'élargir la gamme des choix alimentaires. En effet, ils peuvent remplacer le lait et les fromages gras qui, eux, ne sont pas du tout considérés comme anti-inflammatoires par la littérature scientifique.

Les recettes

ENTRÉES

Asperges à l'origan

Préparation : 20 min
Cuisson : 15 à 18 min

Pour 2 personnes

1 botte d'asperges blanches
(une quinzaine d'asperges)

Pour la sauce
1 yaourt aux probiotiques
1 citron bio (jus)
1/2 cuil. à café d'origan
Sel, poivre du moulin

- Éplucher les asperges à l'économe. Couper la partie dure des tiges si nécessaire. Les passer sous l'eau.
- Cuire les asperges à la vapeur pendant 15 min (18 min si elles sont très grosses). Elles doivent être tendres mais fermes.
- Pendant ce temps, préparer la sauce. Presser le citron. Dans un bol, mélanger au fouet le yaourt et le jus du citron jusqu'à obtention d'une préparation mousseuse. Ajouter l'origan. Saler et poivrer.
- Quand les asperges sont cuites, les retirer avec une écumoire et les dresser sur un plat de service.
- Les servir tièdes, accompagnées de la sauce.

Assiette de fenouil et de patate douce

ENTRÉES

Préparation : 25 min
Cuisson : 20 min

Pour 2 personnes

1 gros bulbe de fenouil
1 petite patate douce
1 citron bio (jus)
1 brin de coriandre

Pour la vinaigrette
1 cuil. à café de vinaigre
  de framboise
2 cuil. à soupe d'huile de colza
Sel, poivre du moulin

- Éplucher la patate douce et la couper en dés.
- Les cuire à la vapeur pendant 20 min. Réserver.
- Pendant ce temps, laver le fenouil et le couper en fines lamelles. Presser le citron par-dessus pour éviter qu'elles ne noircissent. Réserver.
- Dans un saladier, disposer les lamelles de fenouil et les dés de patate douce.
- Préparer la vinaigrette : mélanger le vinaigre de framboise et l'huile de colza, puis saler et poivrer.
- Laver la coriandre, puis la ciseler.
- Arroser les légumes de vinaigrette et les parsemer de coriandre.

À savoir : on peut remplacer la patate douce par un concombre, épluché, épépiné et coupé en petits dés, et le vinaigre de framboise par du vinaigre balsamique.

ENTRÉES

Brochettes de légumes croquants au pistou

Préparation : 20 min
Cuisson : 10 min

Pour 2 personnes

1 courgette	*Pour la sauce*
1 tomate	4 brins de basilic
2 gros champignons de Paris	1/2 gousse d'ail
2 cuil à soupe d'huile d'olive	2 cuil. à soupe d'huile d'olive
	Sel, poivre du moulin

- Laver la courgette et la tomate. Couper les pieds des champignons et rincer les têtes. Réserver.
- Préparer la sauce : peler, dégermer, puis écraser l'ail. Déchirer le basilic à la main. Piler l'ail et le basilic dans un mortier et réduire le mélange en purée.
- Ajouter l'huile d'olive progressivement et faire monter le mélange, comme pour une mayonnaise, jusqu'à obtention d'une pommade un peu liquide. Saler.
- Faire chauffer l'huile d'olive dans un wok.
- Couper les légumes en tranches épaisses.
- Les faire revenir, les uns après les autres, 2 ou 3 min dans le wok : ils doivent rester croquants.
- Les retirer et les égoutter sur du papier absorbant.
- Les répartir sur 2 piques à brochette en alternant une tranche de courgette, une tranche de tomate, une tranche de champignon... Saler, poivrer.
- Servir les brochettes tièdes, accompagnées du pistou.

Fonds d'artichauts
à la vinaigrette au cumin

ENTRÉES

Préparation : 15 min
Cuisson : 20 à 25 min

Pour 2 personnes

6 fonds d'artichauts frais
  ou surgelés
4 brins de ciboulette
3 feuilles d'estragon
1 cuil. à café de graines de cumin

Pour la vinaigrette
1 cuil. à soupe de vinaigre
  balsamique
1 cuil. à soupe d'huile de colza
Sel, poivre du moulin

- Cuire les fonds d'artichauts dans de l'eau bouillante. Les égoutter et les réserver.
- Préparer la vinaigrette : mélanger le vinaigre et l'huile de colza, puis saler et poivrer.
- Disposer 3 fonds d'artichaut par assiette. Arroser de vinaigrette.
- Laver et hacher finement les herbes.
- Écraser les graines de cumin.
- Parsemer les fonds d'artichauts de ciboulette, d'estragon et de cumin juste avant de servir.

ENTRÉES

Patate douce et carottes à la marocaine

Préparation : 15 min
Cuisson : 25 min

Pour 2 personnes

2 carottes
1 patate douce
1 citron bio (jus)
2 brins de coriandre
1 gousse d'ail

1 cuil. à café de graines de cumin
fraîchement moulues
1 cuil. à café de cannelle
en poudre
2 cuil. à soupe d'huile d'olive
Sel, poivre du moulin

- Éplucher les carottes et les couper en rondelles d'environ 4 mm d'épaisseur. Réserver.
- Éplucher la patate douce et la couper en gros morceaux. Réserver.
- Verser un fond d'eau dans une casserole, puis placer un panier vapeur. Y disposer les rondelles de carottes. Superposer un second panier et y mettre les morceaux de patate douce. Faire cuire les légumes pendant 20 min.
- Pendant ce temps, peler l'ail, le dégermer et le hacher finement. Presser le citron.
- Égoutter les légumes.
- Les faire revenir 5 min à feu doux dans une poêle avec l'huile d'olive.
- Ajouter le cumin et le jus de citron. Laver et effeuiller la coriandre. Retirer la poêle du feu et incorporer les feuilles de coriandre, l'ail et la cannelle. Saler et poivrer.
- Laisser tiédir en remuant de temps en temps.
- Servir tiède.

À savoir : faire cuire les légumes dans des paniers superposés permet de gagner du temps, mais a surtout un intérêt gustatif, car les parfums des légumes se mêlent les uns les autres. Cette entrée peut être cuisinée à l'avance ; elle en sera d'autant plus savoureuse.

ENTRÉES

Salade d'herbes

Préparation : 10 min

Pour 2 personnes

10 brins de ciboulette
10 brins de coriandre
10 brins d'aneth
1 citron bio (jus)

1 cuil. à café de graines
de coriandre
2 cuil. à soupe d'huile d'olive
Sel, poivre du moulin

- Laver les herbes. Couper chaque brin de ciboulette et d'aneth en trois. Effeuiller la coriandre.
- Presser le citron et mélanger le jus avec l'huile d'olive. Réserver.
- Dans une poêle, faire rôtir à sec les graines de coriandre pendant 5 min à feu doux, puis les écraser.
- Incorporer les graines de coriandre au mélange d'huile et de citron. Saler et poivrer.
- Dans un saladier, mettre la ciboulette, l'aneth et la coriandre. Arroser de sauce et mélanger. Réserver au réfrigérateur avant de servir, bien frais.

Salade italienne

Préparation : 15 min
Marinade : 2 h
Cuisson : 15 min

Pour 2 personnes

250 g de tomates cerises
250 g de champignons de Paris
1 poivron jaune
1 petit bocal de filets d'anchois

Pour la marinade
2 citrons bio (jus)
2 cuil. à soupe d'huile d'olive
Sel, poivre du moulin

- Préparer la marinade des champignons : presser les citrons et mélanger le jus à l'huile d'olive. Saler, poivrer. Réserver.
- Laver les champignons et les détailler en lamelles.
- Les mélanger à la marinade. Laisser mariner 2 h à température ambiante.
- Au bout de 1 h 30 de marinade, préchauffer le four en position gril pendant 15 min. Placer le poivron à mi-hauteur sur la grille du four et le faire griller environ 10 à 15 min sur toutes ses faces, jusqu'à ce qu'il noircisse.
- Le mettre à refroidir dans un sac en plastique de manière à le peler facilement. Enlever soigneusement la peau. Ouvrir le poivron pour ôter le pédoncule et les graines.
- Le couper en petits dés. Réserver dans un saladier.
- Laver les tomates cerises, les couper en deux et les ajouter aux dés de poivron.
- Retirer les champignons de la marinade et les mélanger aux autres légumes.
- Les arroser de la marinade et mélanger.
- Égoutter les anchois. Disposer sur la salade 5 ou 6 filets d'anchois en étoile avant de servir.

ENTRÉES

Salade de pourpier et de mâche

Préparation : 10 min

Pour 2 personnes

2 poignées de pourpier
2 poignées de mâche
15 baies de Goji
2 cuil. à soupe d'amandes effilées

Pour la sauce
1 citron vert bio (jus)
2 cuil. à soupe d'huile de noix
Sel, poivre du moulin

- Équeuter les bouquets de mâche. Laver soigneusement les feuilles de pourpier et de mâche. Essorer et réserver.
- Presser le citron vert. Dans un saladier, mélanger le jus de citron et l'huile de noix. Saler et poivrer.
- Ajouter la salade et parsemer d'amandes et de baies de Goji.
- Mélanger avant de servir.

À savoir : vous pouvez remplacer l'huile de noix par de l'huile de noisette ou de l'huile de germe de blé, et les amandes effilées par des noix fraîches ou sèches. Vous trouverez les baies de Goji dans les épiceries bio ou au rayon des produits exotiques.

Soupe orange d'automne

Préparation : 10 min
Cuisson : 25 min

Pour 2 personnes

2 carottes
150 g de potiron
2 brins de coriandre

20 cl de lait de soja
1 pincée de noix muscade
  en poudre
Sel, poivre du moulin

- Peler les carottes et les couper en rondelles. Enlever la peau et les graines du potiron et le couper en gros morceaux.
- Mettre les légumes dans une casserole. Recouvrir de 1 litre d'eau légèrement salée. Laisser cuire 20 à 25 min à feu doux, à couvert.
- Laver et effeuiller la coriandre.
- Placer dans une soupière les légumes et la moitié de l'eau de cuisson. Ajouter le lait de soja, les feuilles de coriandre et la noix muscade. Mixer le tout. Saler et poivrer.
- Servir bien chaud.

À savoir : on peut préparer cette soupe à l'avance, en grande quantité, et la congeler.

ENTRÉES

Soupe rouge d'été façon gaspacho

Préparation : 20 min
Repos : 30 min, plus 2 h de réfrigération

Pour 2 personnes

4 grosses tomates	1 cuil. à soupe de vinaigre
1/2 poivron jaune	balsamique
1/2 concombre bio	1 cuil. à soupe d'huile d'olive
1 oignon	1 petite pincée de piment
1/2 gousse d'ail	de Cayenne
	Sel, poivre du moulin

- Éplucher l'oignon et l'ail. Dégermer l'ail. Émincer l'oignon et l'ail. Les mettre dans un bol.
- Verser progressivement la moitié de l'huile d'olive dans le bol, tout en remuant. Laisser reposer 30 min à température ambiante.
- Pendant ce temps, préchauffer le four en position gril pendant 15 min.
- Plonger les tomates 20 s dans une casserole d'eau bouillante, puis les passer sous l'eau froide. Ôter la peau et les graines, couper la chair en gros cubes. Réserver.
- Couper le demi-concombre en deux dans le sens de la longueur, sans le peler, l'épépiner, le détailler en petits morceaux. Réserver.
- Quand le four est chaud, placer le poivron à mi-hauteur sur la grille et le faire griller environ 10 à 15 min sur toutes ses faces, jusqu'à ce qu'il noircisse.
- Le mettre à refroidir dans un sac en plastique de manière à le peler facilement. Enlever soigneusement la peau.

Couper le demi-poivron en deux, ôter les membranes et les graines. Le couper en lamelles. Réserver.

- Placer tous les légumes dans un saladier.
- Ajouter le reste d'huile d'olive, le vinaigre balsamique et le mélange ail-oignon. Saler et poivrer.
- Mixer délicatement en versant 20 cl d'eau jusqu'à obtention d'une préparation liquide.
- Ajouter du piment selon votre goût.
- Réserver au moins 2 h au réfrigérateur.
- Servir froid.

ENTRÉES

ENTRÉES

Soupe violette

Préparation : 10 min
Cuisson : 20 à 25 min

Pour 2 personnes

1 botte de cresson
2 carottes noires bio
2 courgettes

2 cuil. à soupe d'huile d'olive
Sel, poivre du moulin

- Laver le cresson et couper les tiges.
- Faire revenir le cresson à feu doux 1 ou 2 min dans l'huile d'olive.
- Peler les carottes et les courgettes. Les couper en gros dés.
- Mettre les légumes dans un faitout avec 50 cl d'eau. Laisser cuire environ 20 min à couvert, à feu doux. Saler et poivrer.
- Mixer avant de servir bien chaud.

Soupe verte d'hiver

ENTRÉES

Préparation : 15 min
Cuisson : 35 min

Pour 2 personnes

2 courgettes	1 pincée de noix muscade
2 blancs de poireaux	en poudre
1/2 brocoli	Gros sel
2 brins de cerfeuil	Sel, poivre du moulin
4 brins de ciboulette	

- Laver les courgettes et les blancs de poireaux, puis les couper en rondelles. Réserver.
- Séparer les bouquets de brocoli.
- Mettre les légumes dans un faitout. Couvrir de 1,5 litre d'eau et ajouter du gros sel.
- Laisser cuire à feu doux et à découvert pendant 30 min.
- Mixer les légumes au robot.
- Laver et ciseler la ciboulette et le cerfeuil.
- Saler, poivrer et saupoudrer de noix muscade.
  Parsemer de cerfeuil et de ciboulette.
- Servir bien chaud.

ENTRÉES

Verrines de courgettes à la coriandre et aux épices

Préparation : 10 min
Cuisson : 15 min
Repos : 1 h 30 de réfrigération

Pour 2 personnes

2 courgettes
1 petite gousse d'ail
1/2 cuil. à café de graines
de coriandre

1/2 cuil. à café de cumin
en poudre
1 pincée de piment de Cayenne
1 cuil. à soupe d'huile d'olive
Sel, poivre du moulin

- Éplucher les courgettes. Les couper en deux dans le sens de la longueur, puis en grosses rondelles. Réserver.
- Peler l'ail, le dégermer, puis l'écraser.
- Dans une casserole, faire chauffer un fond d'eau, puis ajouter les graines de coriandre, le cumin, l'ail, l'huile d'olive, le piment et du sel. Porter à ébullition.
- Ajouter les rondelles de courgettes et faire cuire 15 min à feu doux, à couvert.
- Retirer les courgettes avec une écumoire. Saler et poivrer. Réserver le jus de cuisson.
- Les écraser grossièrement et les répartir dans 2 verrines.
- Faire réduire à feu doux le jus de cuisson de moitié et le verser à travers un chinois sur les courgettes.
- Laisser reposer au moins 1 h 30 au réfrigérateur.
- Servir bien frais.

Wok de légumes
à la méditerranéenne

Préparation : 20 min
Cuisson : 30 à 35 min

Pour 2 personnes

1 carotte	1 cuil. à soupe de graines
2 tomates	de fenouil
1 courgette	1 brin de thym
1/2 fenouil	2 feuilles de laurier
50 g d'échalotes	2 cuil. à soupe de coulis de tomate
1 gousse d'ail	1 cuil. à soupe d'huile d'olive
	1 pincée de sel

- Peler l'ail et les échalotes. Dégermer l'ail. Les hacher finement. Éplucher les légumes. Les couper en petits cubes. Écraser les graines de fenouil.
- Laver le thym et le laurier. Réserver.
- Faire chauffer l'huile d'olive dans un wok et y faire revenir les graines de fenouil, l'ail et les échalotes pendant 3 à 4 min.
- Ajouter les cubes de carotte, puis de courgette et enfin de tomate. Les faire revenir 10 à 15 min à feu doux. Saler.
- Incorporer le coulis de tomate, le thym et le laurier.
- Laisser cuire pendant environ 15 min à feu doux, à couvert. Retirer le thym et le laurier.
- Servir chaud ou froid.

PLATS

Blancs de poulet marinés aux épices tandoori

Préparation : 10 min
Cuisson : 10 min
Marinade : 2 h

Pour 2 personnes

2 petits blancs de poulet
  (ou 1 gros blanc)
2 cuil. à soupe d'huile d'olive

Pour la marinade
1 yaourt au bifidus
1 citron vert bio (jus)
1 cuil. à soupe d'épices tandoori
Sel

- Déposer les blancs de poulet sur une assiette creuse.
- Préparer la marinade : presser le citron vert. Dans un bol, mélanger le jus du citron, le yaourt et les épices tandoori. Saler.
- Verser le mélange obtenu sur les blancs de poulet et en badigeonner toute la surface. Laisser mariner 2 h au réfrigérateur.
- Retirer le poulet de la marinade. Faire chauffer l'huile d'olive dans une poêle et y faire rissoler les blancs de chaque côté.
- Dresser sur un plat et servir bien chaud, sur un lit d'épinards.

À savoir : vous pouvez acheter des épices tandoori sur les marchés ou dans les épiceries exotiques, mais également en grandes surfaces.

Carpaccio de dorade

Préparation : 20 min
Repos : 15 min de congélation, plus 10 min de réfrigération

Pour 2 personnes

300 g de filets de dorade préparés
par le poissonnier
2 citrons verts bio (jus)
1 gousse d'ail

Quelques feuilles de salade verte
10 branches de cerfeuil
4 cuil. à soupe d'huile d'olive
1 pincée de paprika
Sel, poivre du moulin

- Mettre les filets de dorade 15 min dans le congélateur pour les raffermir.
- Presser les citrons verts. Peler, dégermer et écraser l'ail.
- Dans un bol, mélanger le jus des citrons avec l'huile d'olive et l'ail. Saler et poivrer.
- Avec un couteau bien aiguisé, découper les filets de dorade en lamelles très fines. Réserver.
- Laver les feuilles de salade, puis les essorer. Les répartir sur 2 assiettes et disposer les lamelles de dorade en rosace. Arroser de sauce.
- Placer les assiettes 10 min au réfrigérateur.
- Laver et ciseler le cerfeuil.
- Avant de servir, parsemer de paprika et de cerfeuil.

PLATS

Dos de cabillaud
à l'anis étoilé

Préparation : 10 min
Cuisson : 20 à 25 min

Pour 2 personnes

1 dos de cabillaud épais	1 pincée de curcuma
1 citron bio (jus)	1 cuil. à soupe d'huile d'olive
5 fleurs de badiane (anis étoilé)	Sel, poivre du moulin

- Préchauffer le four à 120 °C (th. 4).
- Mettre le dos de cabillaud dans un plat allant au four.
- Presser le citron. Dans un bol, mélanger le jus de citron et le curcuma.
- Arroser le poisson de ce mélange. Saler et poivrer.
- Disposer les fleurs de badiane sur le poisson. Arroser d'huile d'olive.
- Enfourner pour 20 à 25 min.
- Servir immédiatement, accompagné de fenouil cuit à la vapeur.

Crevettes sautées au butternut

Préparation : 20 min
Cuisson : 25 à 30 min

Pour 2 personnes

300 g de grosses crevettes
  décortiquées
1 butternut (grosse courge)
50 g d'échalotes
1 citron bio (jus)

1 cuil. à soupe de persil
2 cuil. à soupe d'huile d'olive
2 cuil. à soupe de sauce soja
1 cuil. à café de gros sel

- Éplucher le butternut et enlever les graines. Le couper en gros cubes de même taille.
- Presser le citron.
- Remplir une casserole d'eau et y plonger les cubes de courge avec le gros sel et le jus du citron. Laisser cuire environ 20 min. Une fois cuits à point, les retirer avec une écumoire.
- Faire chauffer l'huile d'olive dans un wok à feu doux et y ajouter les crevettes et la sauce soja. Remuer. Ajouter les morceaux de butternut. Laisser cuire environ 5 min.
- Éplucher et hacher les échalotes. Laver et ciseler le persil.
- Ajouter les échalotes et le persil. Laisser cuire 1 min à feu doux, puis retirer du feu. Servir bien chaud.

PLATS

Maquereaux en papillote

Préparation : 10 min
Cuisson : 20 min

Pour 2 personnes

2 maquereaux moyens, préparés par le poissonnier	1 citron bio
1/2 oignon	2 cuil. à soupe de persil
2 tomates	2 feuilles de laurier
	Sel, poivre du moulin

- Préchauffer le four à 120 °C (th 4).
- Laver les tomates et les couper en rondelles. Éplucher l'oignon et l'émincer.
- Laver le citron et le couper en rondelles.
- Préparer 2 feuilles de papier sulfurisé. Poser un maquereau sur chacune des feuilles.
- Disposer les rondelles de tomates, les oignons et 2 rondelles de citron sur chaque maquereau.
- Parsemer de laurier et de persil. Saler et poivrer. Refermer hermétiquement les papillotes sans trop serrer. Les déposer dans un plat allant au four
- Enfourner pour 20 min.
- Déguster chaud.

À savoir : les maquereaux en papillote se marient bien avec le fenouil cuit.

Moelleux de dorade à l'estragon

Préparation : 10 min
Cuisson : 25 à 30 min

Pour 2 personnes

2 gros filets de dorade,
  préparés par le poissonnier
2 citrons verts bio (jus)

10 feuilles d'estragon
1 cuil. à soupe d'huile d'olive
1 pincée de curcuma
Sel, poivre du moulin

- Préchauffer le four à 120 °C (th. 4).
- Placer un filet de dorade dans un plat allant au four.
- Presser les citrons verts. Ciseler l'estragon.
- Dans un bol, mélanger le curcuma avec un peu d'eau. Ajouter l'huile d'olive, le jus des citrons et l'estragon.
- Recouvrir le filet avec la moitié du mélange. Saler et poivrer.
- Poser le second filet sur le premier. Le recouvrir de l'autre moitié du mélange. Saler et poivrer légèrement.
- Remplir le plat d'eau jusqu'à mi-hauteur. Couvrir.
- Enfourner pour 25 à 30 min.
- Couper le poisson en tronçons. Le servir aussitôt, accompagné de riz complet ou de quinoa.

PLATS

Saumon mariné
au citron vert et à l'aneth

Préparation : 10 min
Marinade : 1 nuit

Pour 2 personnes

1 filet de saumon de 400 g

Pour la marinade
3 citrons verts bio (jus)
5 branches d'aneth
2 cuil. à soupe d'huile d'olive
Gros sel de Guérande
Poivre du moulin

- La veille, préparer la marinade. Presser les citrons verts, laver et ciseler l'aneth.
- Dans un bol, mélanger le jus des citrons, l'huile d'olive et l'aneth. Saler et poivrer.
- Couper le saumon en très fines tranches. Les placer dans un grand plat creux.
- Recouvrir du mélange citron-huile. Laisser mariner 1 nuit au réfrigérateur.
- Le jour même, servir le saumon dans sa marinade accompagné d'une salade d'herbes (recette p. 222).

Thon mi-cuit à la japonaise sur une salade de pousses d'épinards

PLATS

Préparation : 15 min
Cuisson : 16 min

Pour 2 personnes

300 g de steak de thon
200 g de pousses d'épinards
5 brins de ciboulette
20 baies de Goji
  (à défaut, des airelles séchées)
1 cuil. à café d'huile d'olive
1 cuil. à café de graines de fenouil
Sel, poivre du moulin

Pour la vinaigrette
1 citron bio (jus)
1 cuil. à soupe d'huile de noix
1 cuil. à soupe de vinaigre
  balsamique
1 pincée de paprika

- Presser le citron. Réserver.
- Laver les pousses d'épinards. Les équeuter, puis les essorer. Laver les brins de ciboulette et les couper en deux. Les placer dans un saladier. Réserver.
- Préparer la vinaigrette : mélanger le jus de citron, le vinaigre balsamique, l'huile de noix et le paprika. Réserver.
- Avec un pinceau, badigeonner d'huile d'olive chaque face du steak de thon.
- Écraser les graines de fenouil.
- Recouvrir le steak de thon de graines de fenouil sur chaque face en tamponnant bien pour les faire adhérer.
- Dans une poêle antiadhésive, faire revenir le thon à feu doux 3 min de chaque côté. Saler et poivrer.
- Arroser de vinaigrette les pousses d'épinards et la ciboulette, puis bien mélanger.

PLATS

- Couper le thon tiède en tranches épaisses. Les dresser sur la salade, parsemer de baies de Goji et servir.

À savoir : les pousses d'épinards peuvent être remplacées par des feuilles d'épinards. Vous trouverez les baies de Goji dans les épiceries bio ou au rayon des produits exotiques.

Cassolette de crucifères

Préparation : 15 min
Cuisson : 12 à 36 min

Pour 2 personnes

1/2 brocoli	1/2 cube de bouillon bio
1/2 chou-fleur	1 cuil. à café de curry
1 blanc de poireau	Sel, poivre du moulin
1/2 botte de ciboulette	

- Séparer les bouquets de brocoli et de chou-fleur. Réserver.
- Préparer le blanc de poireau : le fendre, le rincer soigneusement et le couper en petites rondelles de 3 cm de long.
- Cuire à la vapeur les légumes, les uns après les autres, pendant environ 12 min chacun.
- Pendant ce temps, faire fondre le demi-cube de bouillon dans un demi-verre d'eau chaude, ajouter le curry et mélanger.
- Disposer les choux et les poireaux dans une cassolette. Arroser progressivement de bouillon au curry.
- Ciseler l'équivalent de 1 cuil. à soupe de ciboulette. Parsemer de ciboulette, saler, poivrer et servir.

À savoir : c'est le curcuma, une puissante épice anti-inflammatoire, qui donne sa couleur jaune orangé au curry.

Lentilles corail aux épices

Préparation : 10 min
Cuisson : 18 min

Pour 2 personnes

250 g de lentilles corail
5 petits oignons nouveaux
1/2 gousse d'ail
1 citron bio (jus)
1 petit morceau de gingembre
2 clous de girofle

1 cuil. à café de cannelle
en poudre
2 cuil. à café de cardamome
en poudre
2 cuil. à soupe d'huile d'olive
Sel

- Éplucher les oignons et les émincer. Réserver.
- Peler l'ail, le dégermer et le couper en petits morceaux.
- Éplucher le gingembre et l'émincer en une dizaine de tranches fines.
- Dans une cocotte, faire revenir dans l'huile d'olive les clous de girofle, la cannelle et la cardamome à feu doux pendant environ 3 à 4 min.
- Ajouter les oignons, l'ail et le gingembre. Bien remuer.
- Verser les lentilles et mélanger. Recouvrir d'eau, saler et laisser cuire 15 min à feu doux, à couvert : les lentilles doivent rester croquantes.
- Pendant ce temps, presser le citron.
- Arroser les lentilles de jus de citron juste avant de servir.

Taboulé de quinoa

Préparation : 15 min
Cuisson : 15 min
Repos : 2 h de réfrigération

Pour 2 personnes

180 g de quinoa	1 petit bouquet de coriandre
2 petites tomates	2 cuil. à soupe d'huile d'olive
1 citron bio (jus)	Sel, poivre du moulin

- Rincer les graines de quinoa.
- Faire bouillir deux fois leur volume d'eau, et à ébullition, verser le quinoa. Baisser le feu et faire cuire à feu doux jusqu'à ce que l'eau soit absorbée.
- Retirer du feu, couvrir et laisser gonfler le quinoa.
- Plonger les tomates 20 s dans une casserole d'eau bouillante, puis les passer sous l'eau froide. Ôter la peau et les graines, couper la chair en petits dés. Réserver.
- Laver et ciseler la coriandre. Presser le citron.
- Dans un saladier, mélanger le quinoa, les dés de tomates et la coriandre. Verser le jus de citron et l'huile d'olive. Mélanger.
- Laisser reposer 2 h au réfrigérateur.
- Saler et poivrer avant de servir.

Tian de légumes

Préparation : 20 min
Cuisson : 1 h

Pour 2 personnes

2 courgettes	2 cuil. à soupe d'huile d'olive
2 tomates	1 cuil. à café de thym
4 tranches d'aubergines grillées,	1 cuil. à café de romarin
surgelées	Sel, poivre du moulin

- Faire décongeler les aubergines.
- Préchauffer le four à 120 °C (th. 4).
- Éplucher les courgettes et les couper en grosses tranches.
- Rincer les tomates, les essuyer et les couper en grosses tranches.
- Dans un plat rectangulaire allant au four, disposer successivement une couche de courgettes, de tomates et 2 tranches d'aubergines. Saler et poivrer. Parsemer de thym et de romarin. Assaisonner de nouveau et ajouter une seconde couche de légumes. Arroser d'huile d'olive.
- Enfourner pour 1 h.
- Servir bien chaud.

ACCOMPAGNEMENTS

Wok de shiitake au gingembre

Préparation : 10 min
Cuisson : 15 min

Pour 2 personnes

300 g de shiitake frais	2 cuil. à soupe d'huile d'olive
6 brins de ciboulette	Sel
2 cm de gingembre	

- Nettoyer les shiitake et les couper en grosses lamelles. Réserver.
- Laver et émincer la ciboulette.
- Préchauffer un wok. Éplucher le gingembre et le couper finement. Réserver.
- Faire chauffer l'huile d'olive dans le wok et y incorporer les champignons. Les faire revenir pendant environ 3 à 4 min à feu doux. Ajouter la ciboulette et le gingembre.
- Faire revenir le tout pendant 10 min à feu doux. Saler.
- Servir bien chaud.

ACCOMPAGNEMENTS

DESSERTS

Carpaccio d'ananas à la coriandre et à la menthe poivrée

Préparation : 15 min
Macération : 1 h

Pour 2 personnes

1/2 ananas	2 brins de menthe poivrée
1 citron bio (jus)	1 cuil. à café rase
2 brins de coriandre	de sirop d'agave

- Peler l'ananas. Le couper en tranches très fines. Réserver.
- Laver et ciseler la coriandre finement.
- Presser le citron, puis ajouter au jus le sirop d'agave et la coriandre.
- Faire macérer les tranches d'ananas dans le jus préparé pendant 1 h au réfrigérateur.
- Laver la menthe poivrée et l'effeuiller.
- Au moment de servir, égoutter les tranches d'ananas et les décorer de quelques feuilles de menthe.

Soupe de fraises et sorbet au citron vert

DESSERTS

Préparation : 10 min

Pour 2 personnes

500 g de fraises
1 citron bio (jus)

1/2 cuil. à café de stevia
(voir p. 116)
2 boules de sorbet au citron vert

- Laver les fraises et les équeuter. Les couper en quatre et les mettre dans un saladier.
- Presser le citron. Verser le jus dans le saladier et ajouter le stevia.
- Mixer jusqu'à obtention d'un mélange lisse.
- Servir avec une boule de sorbet au citron vert.

À savoir : hors saison, utiliser des framboises surgelées.

247

DESSERTS

Verrines de rhubarbe et de framboises à la verveine citronnée

Préparation : 15 min
Infusion : 5 min
Cuisson : 20 min
Repos : 1 h de réfrigération

Pour 2 personnes

350 g de framboises fraîches ou surgelées
2 branches de rhubarbe

5 feuilles de verveine citronnée, séchées
1 cuil. à café rase de stevia (voir p. 116)

- Faire bouillir une petite casserole d'eau et laisser infuser les feuilles de verveine citronnée pendant 5 min.
- Filtrer et réserver la tisane.
- Laver et éplucher les branches de rhubarbe. Les couper en dés.
- Les faire cuire dans la tisane de verveine avec le stevia, pendant 20 min à feu doux, à couvert.
- Mixer et réserver.
- Dans chaque verrine, alterner une couche de compote de rhubarbe à la verveine, puis une couche de framboises. Renouveler une fois l'opération.
- Réserver au réfrigérateur pendant 1 h.
- Servir bien frais.

Cocktail de grenade et fleur d'oranger

Préparation : 10 min

Pour 2 personnes

2 grenades
25 cl d'eau de fleur d'oranger

1/2 cuil. à café de stevia
(voir p. 116)

- Faire rouler les grenades sur la table afin de libérer les grains.
- Les couper en deux, retirer les grains et les mettre dans un saladier.
- Arroser d'eau de fleur d'oranger. Réserver et ajouter le stevia. Mélanger. Placer au réfrigérateur jusqu'au moment de servir.
- Servir frais.

Salade de baies rouges

DESSERTS

Préparation : 15 min

Pour 2 personnes

250 g de fraises	3 feuilles de menthe poivrée
125 g de framboises	1/2 cuil. à café de stevia
50 g de groseilles	(voir p. 116)
50 g de cassis	1 cuil. à soupe d'eau de fleur
1/2 citron bio (jus)	d'oranger

- Laver et équeuter les fraises, les groseilles et les cassis. Les disposer dans un saladier.
- Presser le demi-citron. Verser le jus dans le saladier. Mélanger. Réserver au réfrigérateur.
- Mixer les framboises avec le stevia et l'eau de fleur d'oranger.
- Verser le coulis obtenu sur les fruits. Laver et ciseler les feuilles de menthe.
- Décorer avec la menthe poivrée et servir aussitôt.

Pain aux graines de lin

Préparation : 30 min
Repos : 2 h 30
Cuisson : 50 min

Pour 8 personnes

250 g de farine de blé complète ou de farine d'épeautre	1 yaourt au bifidus
	Lait de soja
250 g de farine de seigle	1/2 cuil. à soupe de stevia
1 sachet de levain de boulangerie déshydraté (10 g)	(voir p. 116)
	2 cuil. à soupe d'huile d'olive
50 g de graines de lin	1 cuil. à café de sel

- Verser le levain dans 2 à 3 cuil. à soupe d'eau tiède et le laisser se réhydrater pendant 15 min.
- Moudre les graines de lin.
- Dans un grand bol, mélanger intimement les 2 types de farine, le levain réhydraté, le stevia, le sel et les graines de lin, en faisant attention à ce que le sel n'entre pas en contact direct avec le levain.
- Ajouter l'huile d'olive, le yaourt et 20 cl d'eau à température ambiante.
- Pétrir énergiquement à la main (vous pouvez aussi le faire au robot, à petite vitesse).
- Étirer la pâte, puis la replier en deux en gardant de l'air à l'intérieur.
- Couvrir d'un torchon humide et laisser la pâte lever 2 h à température ambiante.
- Au bout de 2 h, pétrir à nouveau la pâte, puis former une boule. La poser sur une plaque allant au four, recouverte de papier sulfurisé. Badigeonner de lait de soja, avec un pinceau, la boule de pâte.

- Préchauffer le four à 120 °C (th. 4).
- Laisser lever de nouveau au moins 30 min à température ambiante.
- Enfourner pour 50 min.

À savoir : les quantités indiquées permettent de consommer ce pain sur plusieurs jours en le plaçant dans le bas du réfrigérateur, enveloppé dans un torchon. Coupé en tranches, il se congèle bien.

Jus de citron chaud

Préparation : 5 min

Pour 2 personnes

4 citrons bio (jus)

1 cuil. à café de stevia
(voir p. 116)

- Presser les citrons.
- Verser dans chaque verre d'eau chaude 1/2 cuil. à café de stevia et le jus de citron.
- Mélanger et servir tiède ou chaud.

À savoir : ce jus, à boire à jeun le matin, est excellent pour un petit-déjeuner détox.

BOISSONS

Smoothie framboises-basilic

Préparation : 8 min

Pour 2 personnes

300 g de framboises fraîches
ou surgelées
1 citron vert bio
2 cuil. à café de basilic

1 yaourt au bifidus
1/2 cuil. à café de stevia
(voir p. 116)
4 glaçons

- Couper 2 fines rondelles de citron vert. Réserver. Presser le reste du citron.
- Dans un mixeur, verser le jus de citron et les framboises. Mixer pendant quelques minutes.
- Ajouter le yaourt et le stevia. Mixer 3 ou 4 min.
- Laver et ciseler le basilic et l'ajouter au mélange. Donner 1 ou 2 impulsions de mixeur.
- Décorer chaque verre avec 1 rondelle de citron, mettre 2 glaçons et verser le jus de framboise au basilic.
- Servir aussitôt.

À savoir : les smoothies se conservent dans un récipient hermétiquement fermé et opaque pendant 24 h au réfrigérateur.

Smoothie
du dimanche matin

Préparation : 5 min

Pour 2 personnes

350 g de myrtilles fraîches
ou surgelées
2 poires
1/2 citron bio (jus)

1 cuil. à café de stevia
(voir p. 116)
4 glaçons

- Presser le jus du demi-citron. Réserver.
- Peler les poires, supprimer le cœur, et les couper en gros morceaux.
- Mixer les fruits, le jus de citron et le stevia jusqu'à obtention d'un jus.
- Disposer dans chaque verre 2 glaçons et verser le jus par-dessus.
- Servir aussitôt.

BOISSONS

BOISSONS

Smoothie
agrumes-pomme

Préparation : 5 min

Pour 2 personnes

1 pamplemousse   2 oranges
                                  1 pomme

- Éplucher les fruits. Les épépiner et les couper en gros morceaux.
- Les mixer tous ensemble de façon à obtenir une texture homogène.
- Servir aussitôt.

À savoir : il est important de boire ce smoothie aussitôt, pour bénéficier de tous les bienfaits de la vitamine C.

Smoothie
aux baies de Goji

Préparation : 5 min

Pour 2 personnes

50 g de baies de Goji
1 poire
250 g de framboises fraîches
ou surgelées

1/2 citron bio (jus)
1/2 cuil. à café de stevia
(voir p. 116)

- Éplucher la poire. L'épépiner et la couper en gros dés.
- La mixer avec les baies de Goji et les framboises.
- Presser le demi-citron. Dans le bol du mixeur, ajouter le jus, 10 cl d'eau et le stevia.
- Mixer quelques minutes jusqu'à obtention d'une mousse.
- Servir aussitôt.

À savoir : vous pouvez remplacer les baies de Goji (voir p. 193-194) par des airelles séchées.

BOISSONS

Smoothie californien

Préparation : 5 min

Pour 2 personnes

1 orange
1 pomme
200 g de framboises fraîches
   ou surgelées

1 yaourt au bifidus
1/2 cuil. à café de stevia
   (voir p. 116)

- Éplucher la pomme et l'orange, puis les épépiner. Les couper en morceaux.
- Les mixer 1 à 2 min.
- Ajouter les framboises, 10 cl d'eau froide, le stevia et le yaourt au bifidus. Mixer jusqu'à obtention d'une préparation homogène.
- Servir aussitôt.

À savoir : il n'est pas obligatoire d'ajouter de l'eau, mais cela rendra votre smoothie moins épais.

Smoothie des îles

Préparation : 5 min

Pour 2 personnes

2 oranges
¼ d'ananas
1 yaourt au bifidus

1/2 cuil. à café de stevia
(voir p. 116)

- Éplucher les oranges et l'ananas. Épépiner les oranges. Couper les fruits en morceaux.
- Mixer les fruits, 20 cl d'eau et le stevia pendant 2 min.
- Ajouter le yaourt et mixer jusqu'à obtention d'un « lacté » homogène.
- Servir bien frais.

BOISSONS

Smoothie
Rhapsody in blue

Préparation : 5 min

Pour 2 personnes

200 g de framboises fraîches
ou surgelées
200 g de myrtilles fraîches
ou surgelées

10 cl de jus d'airelle,
sans sucre ajouté
1 yaourt au bifidus

- Mixer tous les ingrédients de façon à obtenir une texture homogène.
- Servir aussitôt.

À savoir : vous pouvez remplacer le jus d'airelle par du jus de raisin.

Séréni-thé

Préparation : 5 min
Infusion : 3 à 4 min

Pour 2 personnes

1 cuil. à café de cardamome
en graines
3 tiges de menthe poivrée

2 g de feuilles de citronnelle

- Faire bouillir de l'eau dans une casserole.
- Prélever les feuilles de menthe et les laver.
- Dans une tisanière, mettre les feuilles de menthe
  et de citronnelle et la cardamome. Verser de l'eau bouillante
  et laisser infuser 3 à 4 min.
- Filtrer, puis servir.

À savoir : vous pouvez trouver les feuilles de citronnelle
dans les magasins diététiques ou les herboristeries.

BOISSONS

Tisane à l'anis étoilé

Préparation : 5 min
Infusion : 5 min

Pour 2 personnes

3 fleurs de badiane (anis étoilé)
2 cuil. à café de graines
de cardamome

1 cm de gingembre
1/2 cuil. à café de cannelle
en poudre

- Faire bouillir de l'eau dans une casserole.
- Éplucher le gingembre.
- Dans une tisanière, mettre les fleurs de badiane, la cardamome, le gingembre et la cannelle. Verser de l'eau bouillante et laisser infuser 5 min.
- Filtrer, puis servir.

À **savoir :** cette tisane est un peu amère. N'hésitez pas à ajouter 1/2 cuil. à café de stevia (voir p. 116).

Vitali-thé

Préparation : 5 min
Infusion : 5 min

Pour 2 personnes

1 cuil. à soupe de thé vert
1 cm de gingembre
1/2 cuil. à café de graines
    de cumin

1/2 cuil. à café de stevia
    (voir p. 116)

- Faire bouillir de l'eau dans une casserole.
- Éplucher le gingembre.
- Dans une tisanière, mettre le thé vert, le gingembre, le cumin
  et le stevia. Verser de l'eau bouillante et laisser infuser
  pendant 5 min.
- Filtrer, puis servir.

BOISSONS

Immuni-thé

Préparation : 5 min
Infusion : 3 à 4 min

Pour 2 personnes

2 branches de thym séchées   1 cm de gingembre
5 feuilles de menthe poivrée   Feuilles d'olivier séchées (facultatif)

- Éplucher le gingembre.
- Faire bouillir de l'eau dans une casserole.
- Laver les feuilles de menthe poivrée.
- Dans une tisanière, mettre le thym, les feuilles d'olivier et le gingembre. Verser de l'eau bouillante et laisser infuser pendant 3 à 4 min.
- Filtrer, puis servir.

À savoir : si vous souhaitez utiliser des feuilles d'olivier, vous en trouverez dans les épiceries exotiques.

Conclusion

Nous sommes à l'aube d'une ère nouvelle. Parce que nous sommes de plus en plus nombreux, et que nous vivons de plus en plus longtemps, parce que les soins deviennent aussi de plus en plus techniques, se soigner coûte de plus en plus cher.

C'est pourquoi la médecine préventive, qui sous nos latitudes a été longtemps laissée de côté, occupe maintenant le devant de la scène.

La place de l'alimentation dans la santé, qui aurait pu paraître évidente, fait aujourd'hui l'objet de nombreuses recherches. Et grâce à celles-ci, on constate le rôle prédominant des aliments et leur complexité. Nous savons scientifiquement qu'ils peuvent rendre malades quand ils sont pollués ou mal utilisés. Mais en apprenant à les connaître, on comprend leurs véritables vertus thérapeutiques.

Désormais, l'alimentation et le mode de vie anti-inflammatoires n'ont plus de secrets pour vous. Ce livre est le résultat de centaines d'études qui ont toutes contribué à réduire vos risques de santé et à améliorer votre bien-être au quotidien.

Rappelons qu'il ne s'agit pas d'un régime. Vous avez réellement modifié votre manière de vivre et de manger. Vous êtes aujourd'hui un consommateur ou une consommatrice informé(e), conscient(e) des relations entre les choix de vie et la santé. Et cette prise de conscience est très précieuse non seulement pour préserver votre santé mais aussi pour garder votre poids de forme à long terme et la jeunesse de vos traits. C'est une nouvelle philosophie de vie sans souffrances ni interdits.

Ce livre s'inscrit dans cette autre manière d'aborder la nutrition. Le phénomène de l'inflammation commence seulement à révéler ses secrets. Aux États-Unis, et maintenant en France, elle est mieux connue et reconnue, et ses interférences avec l'alimentation sont devenues patentes.

Voilà pourquoi, en toute conscience scientifique, nous pensons que l'alimentation anti-inflammatoire peut être un mode de longue et de bonne vie. C'est ce que nous vous souhaitons, en espérant que ce livre y contribuera.

Remerciements

D'abord à Éric qui m'a soutenue et encouragée et qui n'a jamais cessé de croire en moi. À mes petits anges, Thomas, Léna et Nathan. À mes parents, mon plus grand fan club. À Rafal, mon grand-père de 97 ans, pionnier de l'alimentation anti-inflammatoire. À mon frère, qui m'a supportée à distance sous les cieux shanghaïens. Et à toute ma famille.

À Marie-Christine, qui remercie sa famille et ses amis pour leur patience et leur soutien pendant la rédaction de ce livre, et que je remercie pour cette extraordinaire collaboration.

À Natacha Dzikowski, pour sa vision de la nutricosmétique.

À mes patients pour leurs encouragements.

Avec une mention spéciale pour Laure Paoli, Véronique Galland et Bénédicte Bortoli, des Éditions Albin Michel, qui ont trouvé les mots qu'il fallait et les conseils judicieux pour nous amener à bon port et faire aboutir ce projet.

Bibliographie

Ouvrages

Béliveau R. (Dr) et Gingras D. (Dr), *Cuisiner avec les aliments contre le cancer*, Robert Laffont, 2008.

Curtay J.-P. (Dr), *Okinawa : un programme global pour mieux vivre*, Anne Carrière, 2006.

Martin A., *Apports nutritionnels conseillés pour la population française*, Tec & Doc, Lavoisier, 3ᵉ édition, 2000.

Renaud S. (Dr), *Le régime santé*, Odile Jacob, 1998.

Servan-Schreiber D., *Anticancer : prévenir et lutter grâce à nos défenses naturelles*, Robert Laffont, 2007.

Articles et études

Akhondzadeh S. *et al.*, *International Journal of Clinical Pharmacology Therapy and Toxicology*, 2003.

Aviram N. *et al.*, *Clinical Nutrition*, 2004.

Azarenco O. *et al.*, *Carcinogenesis*, 2008.

Balducci S. *et al.*, *Nutrition, Metabolism and Cardiovascular Diseases*, 2009.

Beauchamp G. *et al.*, *Nature*, 2005.

Bjelakovic G. *et al.*, *The Lancet*, 2004.

Blanchet C. *et al.*, « Rapport final », Unité de recherche en Santé Publique, Centre de recherché du CHUI (CHUQ) et Institut national de santé publique du Québec, 21 décembre 2004.

Boffeta P. *et al.*, *International Journal of Cancer*, 2006.

Boyle P. *et al.*, *Annals of Oncology*, février 2007.

Bulletin épidémiologique hebdomadaire, n° 43, 12 novembre 2008.

Chithra V. *et al.*, *Journal of Ethnopharmacology*, 2000.

Dragland S. *et al.*, *Journal of Nutrition*, 2003.

Enquête CCAF (Comportements et consommations alimentaires en France) du Crédoc, 2007.

Étude Obépi-Roche, 1997 et 2009.

Feige J. *et al.*, *Cell Metabolism*, 2008.

Fernández-Real J. M., «Insulin resistance, inflammation, and serum fatty acid composition», *Diabetes Care*, 2003, 26 (5), p. 1362-1368.

Frey D. J. *et al.*, *Brain, Behavior, and Immunity*, 2007.

Funk J. *et al.*, *Journal of Natural Products*, 2009.

Garruto R. M. *et al.*, *The Lancet*, 1994.

Ghanin H. *et al.*, *Circulation*, 2004.

Gielen S. *et al.*, *Journal of the American College of Cardiology*, 2003.

Goun E. A. *et al.*, *Journal of Ethnopharmacology*, 2002.

Haginara A. *et al.*, *Journal of Toxicological Sciences*, 2002.

Halvorsen B. L. *et al.*, *American Journal of Clinical Nutrition*, 2006.

Hirose K. *et al.*, *Japanese Journal of Cancer Research*, 1995.

Kadoglou N. *et al.*, *European Journal of Cardiovascular Prevention and Rehabilitation*, 2007.

Kennedy A., *Journal of Nutrition*, 2008.

Lemhadri A. *et al.*, *Journal of Ethnopharmacology*, 2004.

Ludvik B. H. *et al.*, *Diabetes care*, 2000.

McGeer E. *et al.*, *British Columbia Medical Journal*, 2001.

Mela P., «Étude de l'activité anti-oxydante. Application à la valorisation des extraits de sauge sclarée.», Thèse de doctorat, Aix-en-Provence, 1998.

Moore P. B. *et al.*, *Dementia and Geriatric Cognitive Disorders*, 2000.

Ninfali P. *et al.*, *British Journal of Nutrition*, 2005.

Pandley M. *et al.*, *European Journal of Cancer Prevention*, 2002.

Pantuck A. *et al.*, *Clinical Cancer Research*, 2006.

Petersen A. M. *et al.*, *Journal of Applied Physiology*, 2005.

Rapport de l'AFSSA, «Sel : évaluation et recommandations», 2002.

Ricardi G. *et al.*, *Clinical Nutrition*, 2004.

Roy J. P., *Medical Hypotheses*, 2004.

Salleh M. N. *et al.*, *Journal of Agricultural and Food Chemistry*, 2002.

Shacter E. *et al.*, *Oncology*, 2002.

Shea M. K., *American Journal of Epidemiology*, 2007.

Vuong T. *et al.*, *International Journal of Obesity*, 2009.

Wang J. *et al.*, *FASEB Journal*, 2006.

Wang J. *et al.*, *Journal of Neuroscience*, 2008.

Yan Li *et al.*, *European Journal of Cancer*, 2009.

Young B. H. *et al.*, *Experimental and s Medicine*, 2009.

Table des matières

Vous pouvez retrouver l'actualité
du Dr Catherine Serfaty-Lacrosnière
dans le domaine de la nutrition sur :
http://drserfatynutrition.com

Ouvrage publié sous la direction de Laure Paoli

Suivi éditorial : Véronique Galland – Bénédicte Bortoli
Relectures et corrections : Agnès Girard et Hélène Ibañez
Illustrations : Hélène Lafaix
Conception de la couverture : Stéphanie Le Bihan

Composition : Nord Compo
Impression : CPI Bussière en septembre 2010
à Saint-Amand-Montrond (Cher)
Éditions Albin Michel
22, rue Huyghens, 75014 Paris
www.albin-michel.fr

ISBN : 978-2-226-19519-7
N° d'édition : 19071/05 — N° d'impression : 114242/4
Dépôt légal : mars 2010
Imprimé en France